食品知識ミニブックスシリーズ

外食入門

千葉哲幸 著

Nissyoku 日本食糧新聞社

はじめに

私はフードサービス業の記者を三十数年間生業としているものである。

私がこの業界と出合ったのは、大学４年生のときに出版社勤務を志望して就職活動を行った過程での賜物である。食べることと飲むことも大好きであるが、フードサービス業を見つめていくことが私のライフワークとなった。

ともあれ、１９８２年４月、私は「食の総合出版社」を標榜する株式会社柴田書店に入社した。同社には「食堂業の産業化」を提唱する『月刊食堂』が存在し、業界に影響力を発揮していた。当時のフードサービス業は『月刊食堂』が示す通り、「チェーンレストランの時代」の真っ只中にあった。

このころは、日本ＫＦＣ、日本マクドナルド、ロイヤル、すかいらーくといった外食企業が立ち上がって10年あたりで、これらのミッションを研究するセミナー会場にはポジティブな熱気がみなぎっていた。登壇する創業者や幹部社員たちは、スターであり神であった。

私は入社当初、『月刊ホテル旅館』編集部に在籍していたが、会社の方針でこのようなセミナーを数多く受講させていただいた。その後私は『月刊食堂』編集部に異動、のちに編集長となった。さらに、１９９３年11月株式会社商業界に転職し、『飲食店経営』編集部に配属され、のちに編集長となった。私は転職をしたもののフードサービス業の記者としての仕事を継続することができた。そして、この業界への愛着を深めていくと同時に、私なりの理解を整理するようになっていった。

このような私の立場から、近代のフードサービス業の動向を私なりに大まかに語ると、次のようになる。

近代のフードサービス業は１９７０年代に立ち上がり、急成長を遂げていった、ファストフードやファミリーレストランはチェーンストア理論に基づいて仕組化され、文化的には若い世代のアメリカへの憧れに応え、食卓の代行とレジャーの役割を担うようになった。

１９８０年代後半から91年までのバブル経済。これによって消費者は、ディナーレストランの経験値が高くなり、あらゆる業態が活発化した。一方で、家賃高騰や人材不足に悩まされた。

こののちの95年ごろより現れた「専門店ブーム」は、改めてクオリティが高いことの重要性を知らしめた。同時に、このトレンドによって成長の可能性は広がり、企業化するところが続々と現れた。

外食産業市場規模は１９９７年にピークを迎え、その後減少に転じた。それは、店舗飽和が淘汰されたことであり、「中食」が台頭したことによるものだ。そして、収益の減少を客数アップで克服するべく、チェーン店では大幅な価格引下げ競争が展開された。

この混沌とする状況がリセットしたのは「ＢＳＥ問題」がきっかけとなった。ＢＳＥは２００１年9月10日日本で、２００３年12月24日アメリカで発生した。これ以来、フードサービス業界には「安全・安心」という考え方が広がり定着していった。

２０００年に入ってから、フードサービス業に憧れと野心を抱く若者たちがニッチ市場に参入し切り拓いていった。また、フードサービス業のソリューション（解決）ビジネスが活発化して、フードサービス業のプロモーションや人材教育はこれまでになく進化していった。

このように、近代のフードサービス業はそれぞれの時代における切磋琢磨によって、一層深く豊かな業界に進化し続けている。

『外食入門』と名付けられたこの本は、その名の通り、フードサービス業のことを知るための手引書である。そこで、全体の構成は次のようにした。

データについては、業界団体のものを掲載。「業界の基礎知識」は、私がこれまで学んできたことを整理して掲載した。そして、誌面の多くを占める「近代史」は、それぞれの局面に携わっていた私の一人称でつづった。これらの内容には多少私の偏見があるかもしれないが、記者である自分の純粋な感動と理解が読者に伝わるのではないかと考えた。

近代史の業界動向については21のテーマでまとめた。とは言え、ここで述べたこと以外にも業界にインパクトをもたらした外食企業や現象は数多く存在している。これらのことは、今後現状の『外食入門』を補足する形で述べていきたい。

この本が、フードサービス業を把握したい人、そして、学生諸君や職業としてフードサービス業およびそれに関連する業界に着任した人にとって役立つものとなれば、フードサービス業の記者をライフワークとしている私にとって、とても嬉しいことである。フードサービス業が人々の生活を豊かにし、喜びをもたらし、人々からリスペクトされ、さらに発展していくことを心から祈念している。

２０１７年10月吉日

千葉哲幸

目次

序章 フードサービス業の基礎知識と近未来の業界予測………1

1 フードサービス業の業界構造と基礎知識……1
2 フードサービス業はこれからこうなる……12
3 ロボット、IoT、AI時代の外食産業……15

第1章 外食チェーンの誕生（1970年）………24

1 FFチェーンの端緒となるKFC……25
2 アメリカからの指示を固辞した日本マクドナルド……26
3 先駆的にインフラを整えたロイヤル……28
4 ロードサイドを開拓したすかいらーく……29

第2章 ディナー帯がにぎわっていく（1982年）………31

1 価格の安心感で大衆居酒屋チェーンが隆盛……31
2 客単価2500円のワンランク上が誕生……34
3 客単価4000円の世界が誕生……35
4 QSC+アトモスフィアが定着する……36

第3章 ガスト旋風！（1992年）………39

1 チェーンレストランの小商圏化対策……40
2 時代は「安さづくり」が正義だった……42
3 「FRすかいらーくの四半世紀の使命は終わった」……44

第4章 イルフォルノという新しい価値観（1995年）………47

1 ロイヤルが探し求めたレストランの新基軸……48

V

2 サンタモニカのカジュアルイタリアン……49
3 思いやりの言葉を引き出すサービスの心……50
4 フードサービス業は教育産業……52

第5章 「おなかを満たす」から「心を満たす」へ（1996年）……54

1 マクドナルドよりも速い出店スピード……54
2 日本の常識に対してすべてが真逆……56
3 コーヒーでライフスタイルを提案する……58
4 飲食本業でないところが革新をもたらす……58

第6章 チェーンレストランの王道（2000年）……61

1 人時生産性の高さを追求する会社……62
2 継続する価格引き下げと大量の新規出店……64
3 ドラスティックな価格引き下げで小商圏化に進む……66

第7章 自然派ビュッフェの登場（2000年）……69

1 自然回帰、家庭回帰のコンセプト……70
2 食材に囲まれたグラノ24Kの場合……71
3 伊賀の里モクモク手づくりファームの場合……74

第8章 グローバルダイニングと際コーポレーション（2000年）……77

1 システムからヒューマンの時代へ……78
2 飲食業の常識に「あり得ない」数々……79
3 会社の基軸と「らしさ」が伝わる……81
4 「紅雲餃子坊」32坪で月商３８００万円！……83
5 メジャーに対してインディーズの外食……85

第9章 「感性」の経営者と街を創る人々（2000年）……88

1 産業ではない「表現」としての飲食店……88

2　人間性が現れる「店づくりは街づくり」…　90
3　カフェで醸成される「コミュニティー」は力となる……　92
4　「ないものを創りあるものを活かす」……　94

第10章　ＦＦが一斉に低価格化（2000年）………　96

1　97年をピークに市場がシュリンク………　96
2　今やらないと競合他社にやられてしまう　99
3　デフレ経済で勝ち抜くための「安売り」…　100
4　数値の適性を欠くと職場が荒れる……　102

第11章　ベンチャー・リンク大盛況と倒産（2000年）…　104

1　アイデアをもつ人と事業を探している人をつなぐ……　105
2　ＦＣ開発のスピードが飛躍的に早くなる仕組み……　106
3　ＦＣ開業支援を専門化したグループ企業で推進……　108
4　急速に成長したことが逆のベクトルを生んだ……　109

第12章　ＦＣ焼き肉店ブームと牛角急成長（2001年）…　111

1　「ＦＣで焼き肉店を開業したい」という理由　……　111
2　ＶＬの存在によって「牛角」が急成長　113
3　牛角のＦＣ展開でＶＬの依存度が高まる……　115
4　日本とアメリカでＢＳＥが発生しＦＣ焼き肉店に逆風……　117

第13章　日本とアメリカで「ＢＳＥ」発生（2001年）…　119

1　工業製品化する「食」への懸念が

現実となった……119

2 「風評被害対策」で立ち直りも早い ……121

3 アメリカでBSE発生
日本では牛肉の代替が進む……124

第14章 「プロ」から「ファン」の外食へ（2006年）127

1 「居酒屋甲子園」で
経営者が自主的に結束……127

2 「プロ目線」より「ファン目線」が重要 …130

3 客数アップのために
リピーター獲得を重視……132

**第15章 外食バブルを吸収した
男の表現力（2006年）…134**

1 「恵比寿横丁」で示された
「浜倉ワールド」……135

2 居酒屋業界の流れを変えた「ちゃんと。」…137

3 本物の食材にこだわったフードスコープ…139

4 日本発「外食バブル」の
頂点を体験する……140

**第16章 ダイヤモンドダイニングと
エー・ピーカンパニー（2007年）142**

1 「エンタメ」でスタートした
ダイヤモンドダイニング……143

2 QSCが高度に整った外食企業に成長…145

3 川上と川下を自社でつないだ
エー・ピーカンパニー……146

4 6次化で日本全体が活性化するスキーム 149

**第17章 東日本大震災がもたらしたこと
（2011年）……150**

1 東日本大震災の後
日本全体に「一体感」が生まれる……150

2　「街を解放する」
「街で連帯する」活動が盛んになる …… 152
3　飲食事業者が生産者との
結びつきを深める …… 155
4　「お客様の笑顔を取り戻す」
活動が企業文化となる …… 156

第18章　俺のイタリアン、俺のフレンチ（2011年）…… 158

1　16・5坪で月商1900万円のなぜ？…… 158
2　ブックオフ創業者が
フードサービス業に挑む …… 162
3　一流の料理人を寄せ集める求心力 …… 163
4　ジャズライブのある
新しいエンターテインメント空間 …… 164

第19章　外食・中食のボーダーレス現象（2013年）…… 167

1　コンビニが限りなく飲食店に近づく …… 167
2　コンビニは飲食店のよきパートナ …… 168
3　「ちょい飲み」が利用動機と客層を拡大 …… 170
4　弁当・惣菜店における
イートインの威力 …… 172
5　「ちょい飲み」はチェーン店と
地域社会を結ぶ …… 174

第20章　「高品質化」「多様化」へ（2014年）…… 176

1　ファストフードが
「高品質化」「高価格化」路線へ …… 177
2　「高品質化」「高価格化」路線が
新しい客層を生み出す …… 178
3　コーヒーの
「サードウェーブ」が登場 …… 179

4 高品質のクラフトビールが
急速に広がる …………… 181

5 価格ではなく、由来や品質、
あるべき工程に「価値」を感じさせる … 182

第21章 2020年に向けて（2020年）…………… 184

1 少子高齢化が進み
「人材採用難」が深刻化 ………… 184

2 「働き方改革」から
新しい労働市場を発掘 ………… 187

3 訪日外国人観光客が予想以上に急増 …… 188

――最後に―― 飲食業は未来に継続し
進化する業界 …………… 192

【付録】 数字で見る外食産業 ………… 193

参考文献 …………………………… 198

序章

フードサービス業の基礎知識と近未来の業界予測

1　フードサービス業の業界構造と基礎知識

(1) フードサービス業は「中食」と「外食」

人は生きていくために「食べて」「飲んで」いる。フードサービス業は、その人が生きていくための行為を商売としたものだ。

この人が飲食に対してお金を使うことを「食料・飲料の支出額」という。この支出は次の三つに分類される。

・内食（うちしょく）……人が食料や飲料をスーパーマーケットなどで購入して家で調理をして食べること。

・中食（なかしょく）……誰かが作った食事を買ってどこかで食べること。

・外食（がいしょく）……食事を作った人がいるところと同じ場所で買って食べること。

ちなみに食事の「宅配」（デリバリー）は、中食に含まれる。

フードサービス業とは「食事を作り、それを販売する」という商売であるから、右記の三つのカテゴリーのなかの「中食」と「外食」が該当する。この二つを含めて「広義の外食」という。

これらのことを数字で示そう（図表1参照、2015年のデータ・公益財団法人食の安全・安心財団）。

全国の食料・飲料支出額（内食＋中食＋外食）は、

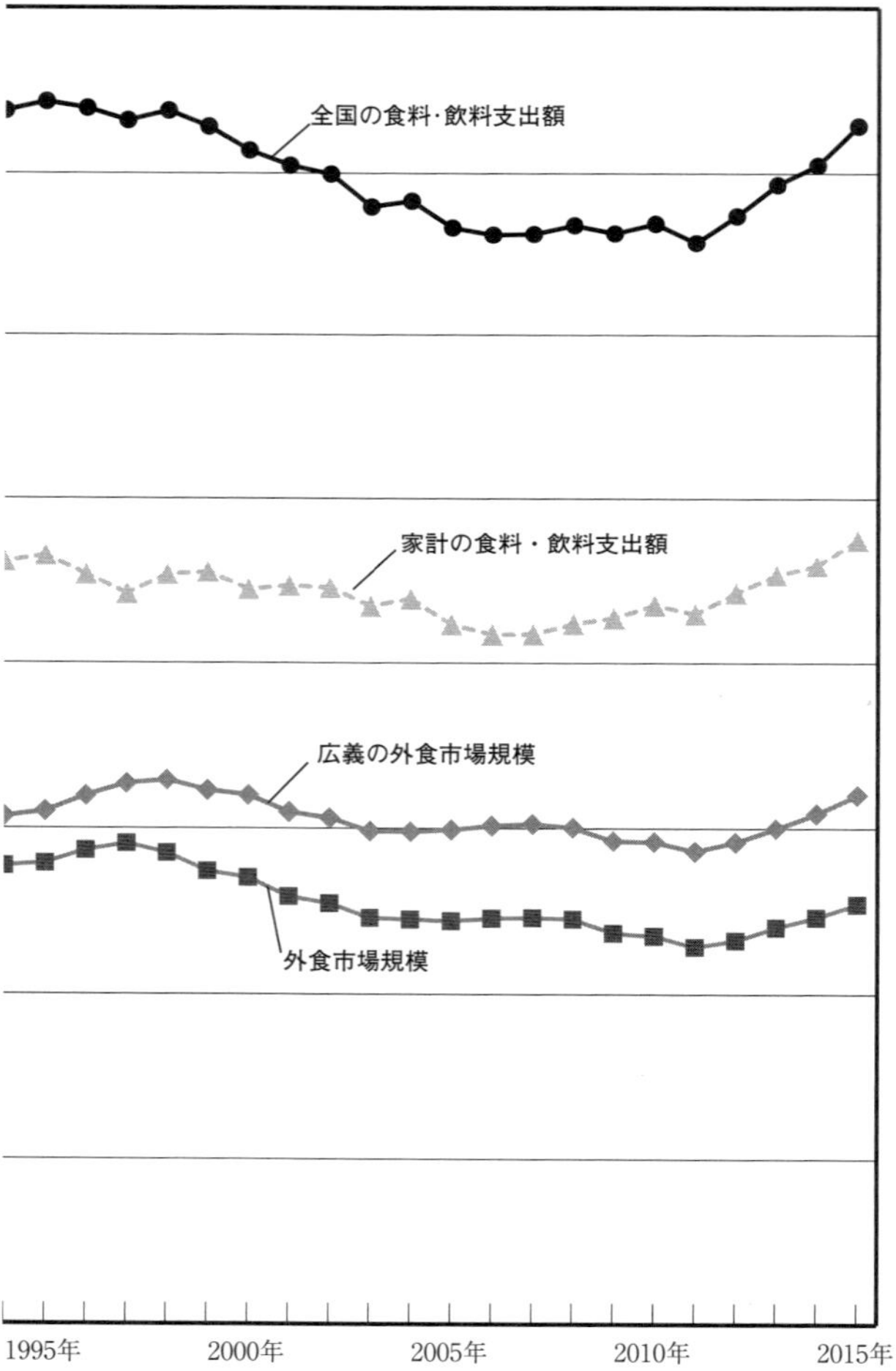

データから算出。外食市場規模は外食総合調査研究センター推計。

と外食市場規模

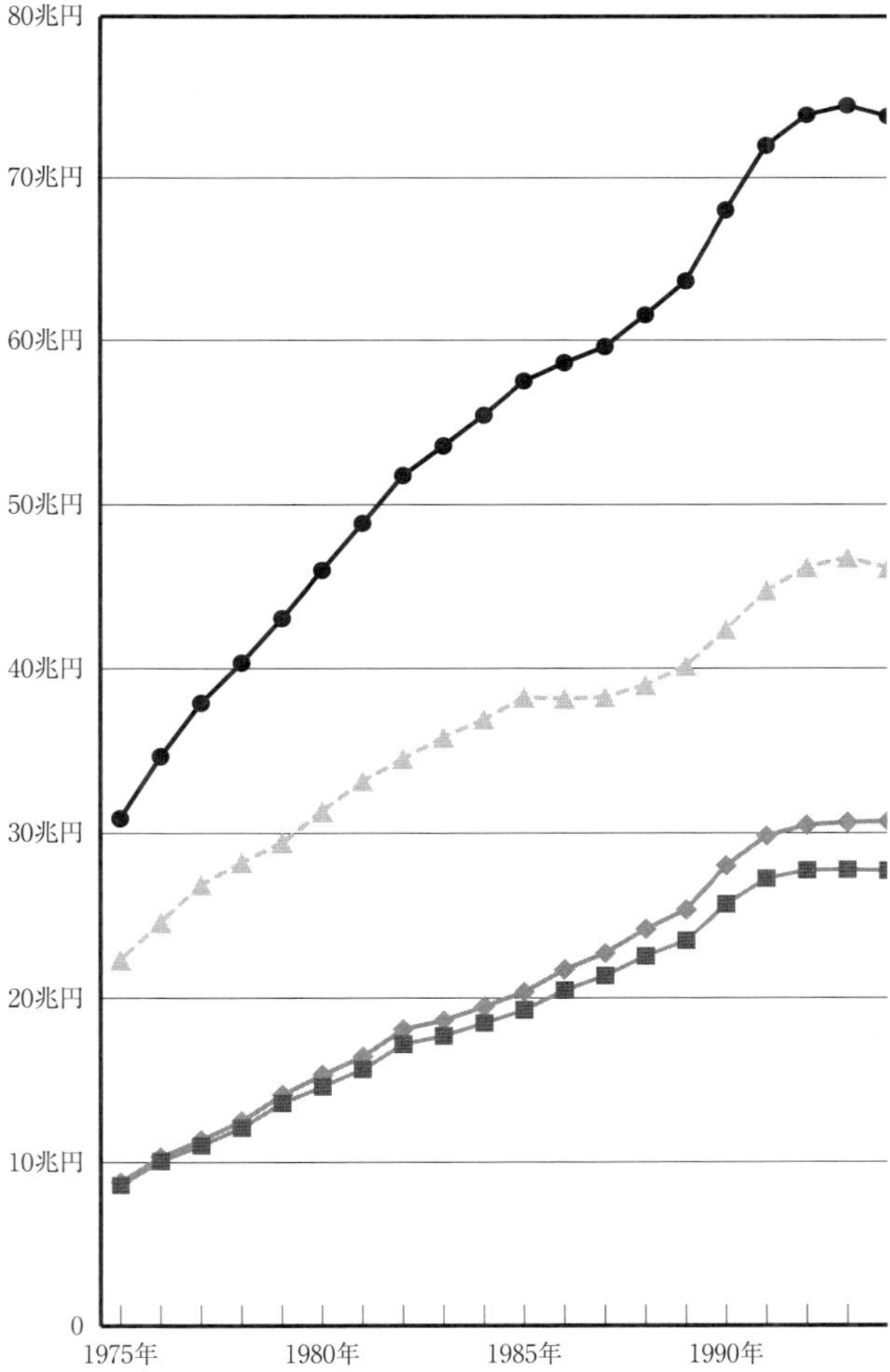

資料：（公財）食の安全・安心財団
注　：食料・飲料支出額（全国・家計）は内閣府推計の

図表1　食料・飲料支出額

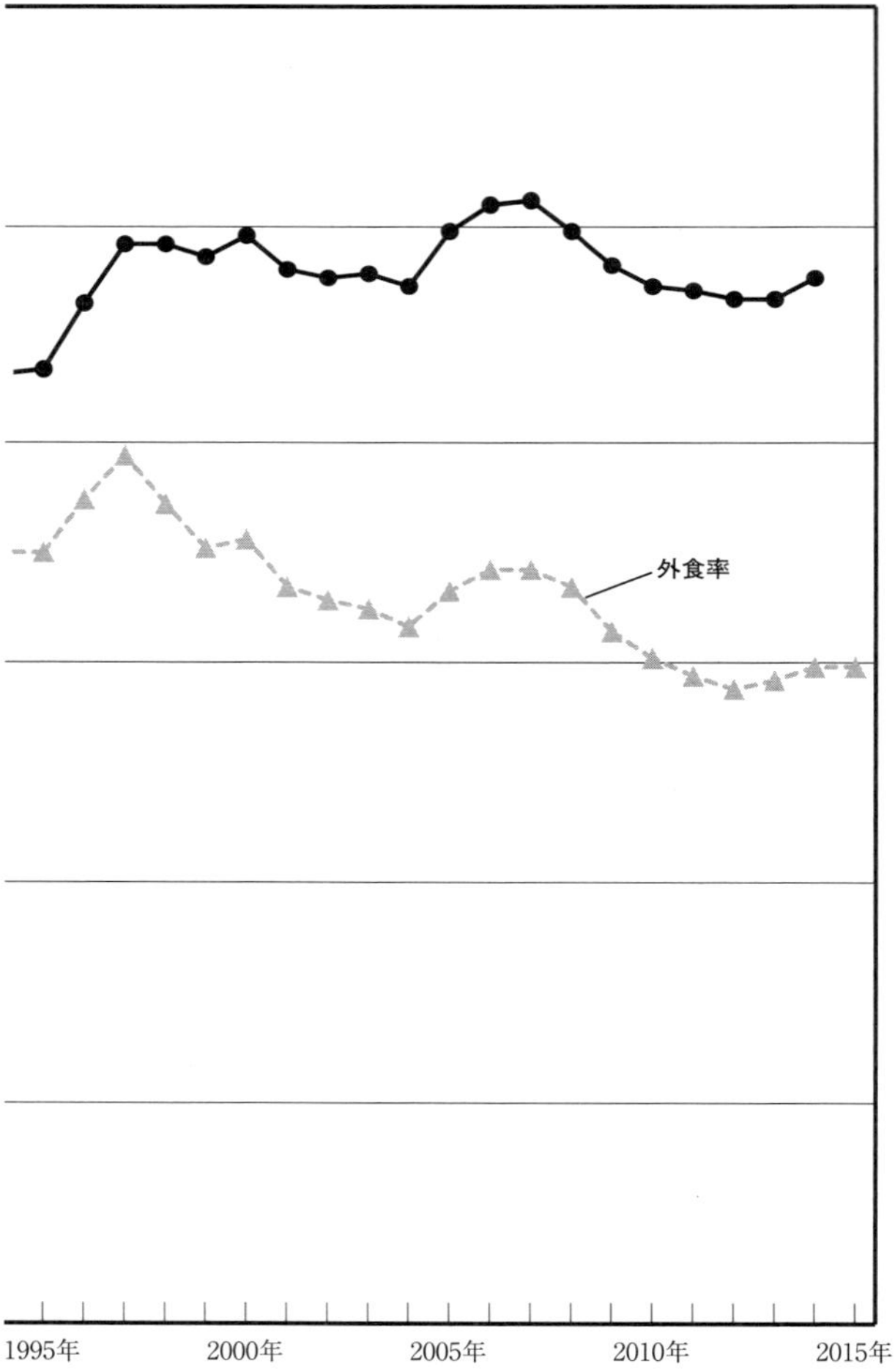

飲料支出額、外食率＝外食市場規模／全国の食料・飲料支出額。

外部化比率と外食率

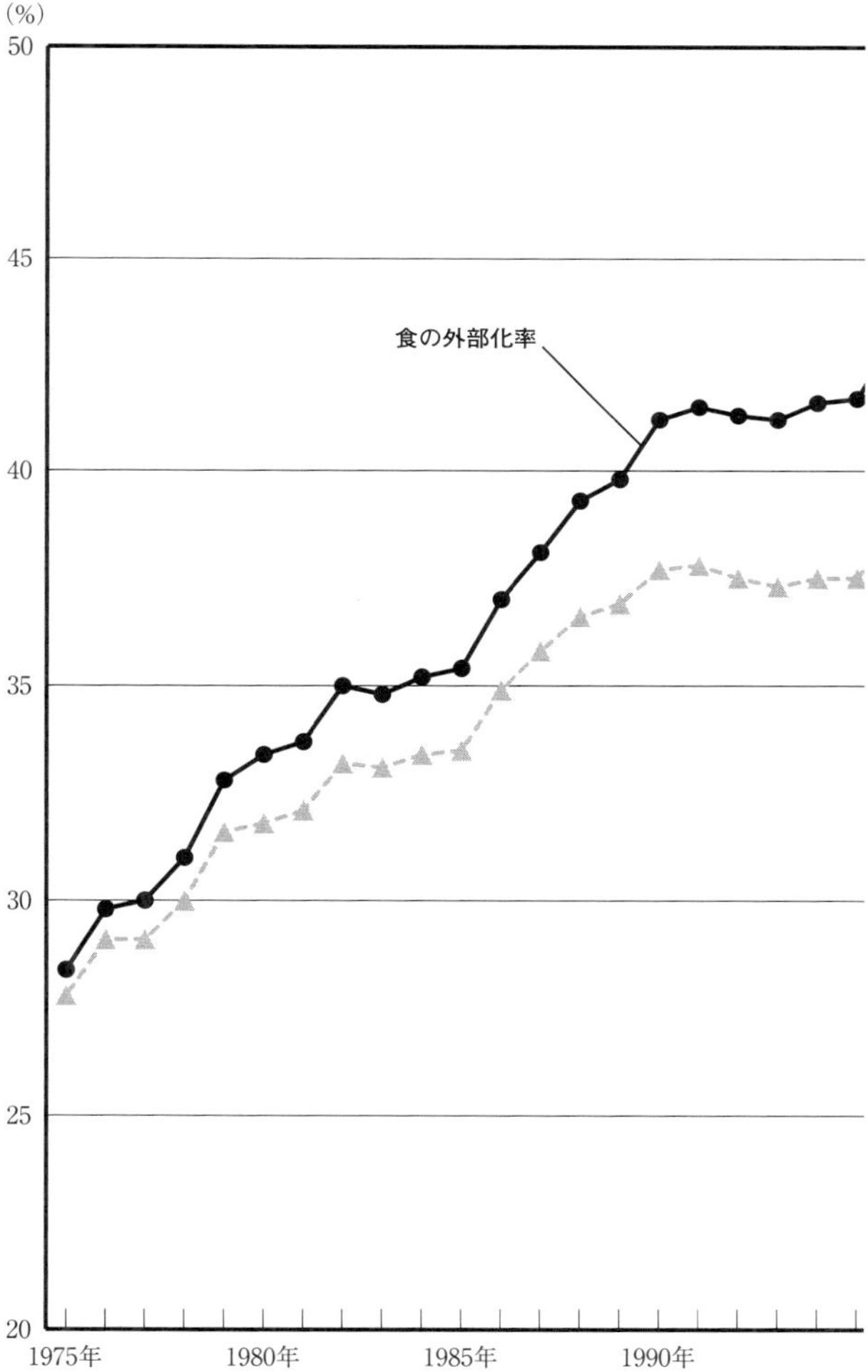

資料：（公財）食の安全・安心財団
注　：食の外部化比率＝広義の外食市場規模／全国の食料・

図表２　食の

72兆8788億円（過去最高値は74兆4838億円・93年）。

家計の食料・飲料支出額（内食＋中食）は、47兆4782億円（過去最高値）。

広義の外食市場規模（中食＋外食）は、32兆59億円（同32兆8918億円・98年）。

外食市場規模（外食のみ）は、25兆4006億円（同29兆702億円・97年）。外食の店舗数は66万店弱（経済センサス・2012年）。

(2) フードサービス業は飲食の消費の半分

「広義の外食」は、自分で食事を作らないことであるから「食の外部化」ともいう。

「食の外部化比率」は現在、45%あたりで推移している（図表2参照）。つまり、飲食に費やす金額のほぼ半分がフードサービス業で消費されているということだ。

フードサービス業は、他産業と比べて大きな売上げを占める大企業が少なく、個人や事業規模の小さいところが多いことが特徴だ。起業をする上でも制約が少ないので、どのような人でもこの商売をすることができる。そのために「参入障壁が低い」産業といわれている。

また、外食（飲食店）は消費者にとって日常的な利便性だけではなく、レジャーの役割も担っている。『レジャー白書2015』によると、余暇市場（64兆7272億円）のなかで外食（日常的なものを除く）は3位となっている（1位は国内観光旅行〈避暑、避寒、温泉など〉、2位はドライブ）。

(3) フードサービス業で重要な「QSC」

フードサービス業でもっとも重要なことは「Q

SC」である。これはQuality（料理）、Service（サービス）、Cleanliness（清潔さ）の頭文字をつなげたものだ。つまり、フードサービス業は、お客様に対して「おいしい料理を提供しよう」「すてきなサービスをしよう」「清潔な状態を保とう」ということを常に心掛ける仕事ということだ。

また、このQSCは、掛け算と同じ仕組みで成り立っている。

たとえば「料理がおいしく」て「サービスがすてき」であっても「汚い店」であれば、お客様はもう一度行きたいとは思わない。

［例］Q：10点×S：10点×C：0点＝店に対する評価：0点

また、「料理がおいしく」て「店内が清潔」であっても「サービスで不愉快なことがある」と、お客様はもう一度行きたいとは思わない。

［例］Q：10点×S：0点×C：10点＝店に対する評価：0点

そもそも、入り口からして「料理がおいしくない」ということでは、フードサービス業は失格である。だから、フードサービス業とは「QSCを常に向上させる」仕事である。

(4) フードサービス業は「業種」と「業態」

外食（飲食店）の商売は「食事を作って店内で提供する」ということだ。

このような店として、たとえば「ラーメン店」「寿司店」「牛丼店」「焼き肉店」「洋食店」「中国料理店」「フランス料理店」という一般名称があげられる。これは「業種」というものだ。

しかしながら、たとえばこのなかの「牛丼店」の内容を細かく見ていくと、「380円」「480

円」という価格のチェーン店もあれば、老舗のすき焼き屋さんで「１５００円」程度の価格で牛丼を提供しているところもある。同じ牛丼でもこの違いは「業態」によるものだ。

つまり、「売り物」が業種であり、その「売り方」が業態である。

このように、フードサービス業には業種が先に存在しているが、業態に落とし込まないと商売は成立しない。業種という売り物を備えたら、「どのような客層に」「どのような場面で」「いくらの価格で」利用していただくかということが業態である。そして、フードサービス業は、この業態を練りこんでいくことによって大きく発展するようになった。

この業態を整理したものが図表3に示した「四つの業態」と「業態の三角形」である。

(5) 業態は商売の「指標」

業態の三角形の横軸は「市場のボリューム」、つまり、お客様は多いのか少ないのか、そして、縦軸は「客単価」、つまり、お客様1人当たりの支払い額が高いか低いかということを示している。

客単価とは「売上げ÷客数」のことだ。これによって割り出される金額は、俗にいう「予算」と似ているが、それとはまったく異なっている。客単価とは、「その店がどのような商売をしているのか」を判断するための指標として重要な意味をもっている。

四つの業態は、この「客単価ⓐ」「注文を受けてから商品を提供するまでの時間ⓑ」「商品の提供方法ⓒ」「サービスの内容ⓓ」によって分類される。

これらの分類を一般的な飲食店に当てはめる

ⓐ＝客単価　ⓑ＝注文を受けてから商品を提供するまでの時間
ⓒ＝商品の提供方法　ⓓ＝サービスの内容

■ファストフード(FF)
ⓐ500円前後 ⓑ5分以内 ⓒカウンターサービス ⓓ標準化されたサービス

■ファミリーレストラン(FR)
ⓐ1000円前後 ⓑ15分以内 ⓒテーブルサービス ⓓ標準化されたサービス

■カジュアルレストラン(CR)
ⓐ1500〜4000円前後 ⓑ15分以内 ⓒテーブルサービス ⓓ標準化されたサービス

■ディナーレストラン(DR)
ⓐ5000円以上 ⓑとくになし ⓒテーブルサービス ⓓ高度で技能的なサービス

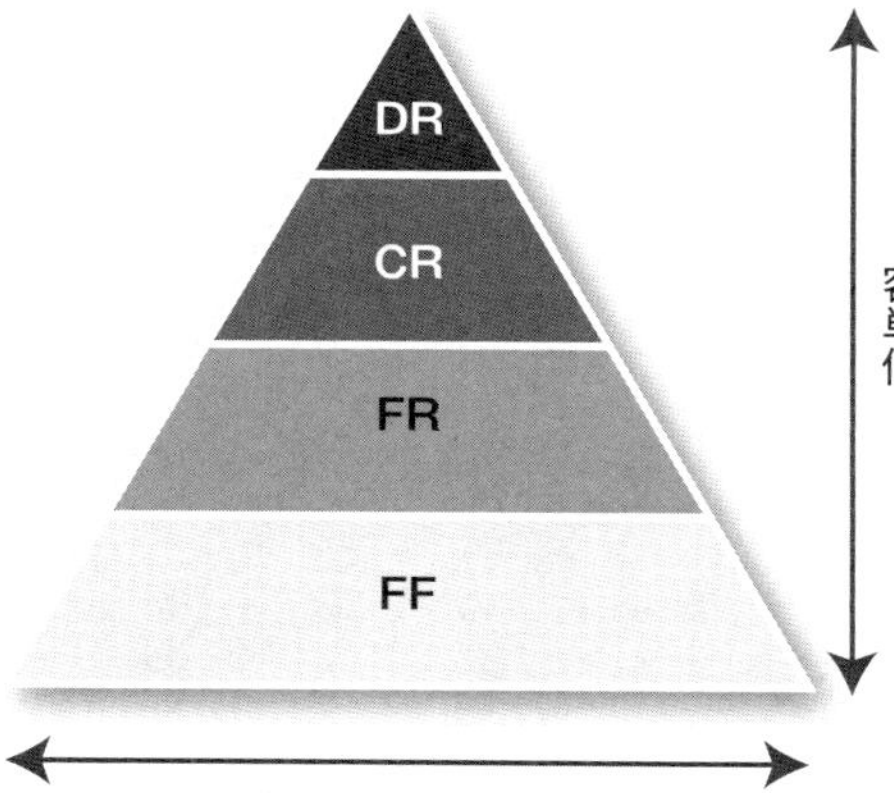

業態の分類には、ⓐ＝客単価(売上げ÷客数)、ⓑ＝注文を受けてから商品を提供するまでの時間、ⓒ＝商品の提供方法(カウンターサービスか、テーブルサービスか)、ⓓ＝サービスの内容(標準化されているか、技能的か)の項目が設けられ、「ファストフード」「ファミリーレストラン」「カジュアルレストラン」「ディナーレストラン」の「四つの業態」に分類される。この四つの業態は客単価が低いと市場のボリュームは大きく、客単価が高くなるにつれて市場のボリュームが小さくなる。この四つの業態を図式化すると三角形となる。

資料：「商業統計」をはじめ、さまざまな識者が発表している説をまとめて筆者作成

図表３　「四つの業態」と「業態の三角形」

と、次のように相当する。

・ファストフード（ＦＦ）……ハンバーガーや牛丼などを低価格かつ早く提供するチェーン店

・ファミリーレストラン（ＦＲ）……日常的な食事をお客様のテーブルで注文を取ってお客様のテーブルに持っていく店

・カジュアルレストラン（ＣＲ）……大衆的な居酒屋やカジュアルなイタリアン、バル、ビアホールなど

・ディナーレストラン（ＤＲ）……いわゆる高級店

(6) 業態は「ソリューション」

外食（飲食店）の原価率はほぼ30％である。これは業態によって若干異なるが、客単価の低いＦＦは原価率が高く、一方のＤＲは原価率が低くなる。これはＦＦが薄利多売で、ＤＲは原価率が低いが人件費や店舗の維持費にコストがかかっているからだ。

原価率がほぼ30％ということは、内食に比べると外食は3倍の食事代がかかるということだ。では、なぜお客様はこのような価格の高い外食をするのであろうか。

それは、それぞれの業態が内食の手間や役割を解決してくれる、つまり、便利だからである。それぞれの業態の、内食に対する「ソリューション（solution＝解決）」は以下のような食事の需要や動機である。

・ＦＦvs内食＝弁当、小腹を満たす動機

・ＦＲvs内食＝日常的な食卓、食事をともなう打ち合わせ

・ＣＲvs内食＝仲間と心を癒す時間、気軽な接待、デート

・ＤＲ vs内食＝お祝い事、記念日

(7) 業態はお客様にとって「安心感」

街を歩いていて、たとえば、単に「寿司」と書かれた看板と「１００円均一回転寿司」という看板があったとしよう。

これはどちらも寿司店に違いはないが、「寿司」の店はどのような寿司が食べられるのか、価格はどれくらいなのかということがよくわからない。客単価３万円という高級店かもしれないし、意外に安いのかもしれない。

一方、「１００円均一回転寿司」の店は、寿司のレベルはさておき「１０００円以内で食べられる」ということがわかる。これは、大抵の人が知っている「寿司をベルトの上にのせて流し、一皿１００円均一で販売する」という売り方、つまり、業態であるからだ。

これらのことは低価格の店に限ったことではない。上記のお客様のソリューションにかなった業態であることがお客様に明確に伝わると、お客様は「安心感」を抱いてその店を利用するようになる。

(8) 業態は事業者にとってビジネスの「課題」

フードサービス業の事業者は商売を行っていく上で、たとえば仕入れ・調達、スタッフの教育など、さまざまな「課題」を抱えている。

先の寿司店のことを事例にあげて述べると、客単価３万円という高級寿司店の事業者と１００円均一回転寿司の事業者は、どちらも寿司を扱っているが、それぞれが抱える課題の内容は異なる。

高級寿司店の事業者の課題を共有できるのは、洋食や中華料理といった業種が異なっていても高級店のところである。一方、１００円均一回転寿司の事業者と課題を共有できる事業者は、ファミリーレストランや客単価１２００円あたりのパスタ専門店である。

このように、業態は、事業者にとってそれぞれの課題をわかりやすくしてくれている。

2 フードサービス業はこれからこうなる

(1)「中食」がいっそう活発になっていく

冒頭の図表1、図表2で、わが国における食マーケットの動向をシーン別に紹介した。

「広義の外食市場」と「外食市場」を照らして見えてくることは、「中食」が年々増えてきていることである。外食市場だけを見ていくと、97年の約29兆円をピークに年々減少し、２０１４年の段階で約23兆２０００億円となっていて、10年間あまりで外食の市場は20％近く消えたように見える。

外食市場が減少傾向にあるなかで「中食」が伸びてきているということは、「広義の外食市場」を構成する業態が複雑化してきている、ないしは新しい業態が活発化してきている、ということを示唆している。

たとえば、冒頭で外食（飲食店）の店舗数が約66万店弱と述べたが、コンビニは約5万５０００店（２０１７年3月現在）になっている。コンビニは食料・飲料の品揃えを強化してきていて、おにぎり、弁当、おでん、唐揚げ、肉まん、スイーツは定番となっている。

　さらに、セブン‐イレブンが13年1月から発売した、店内淹れたてコーヒーの「セブンカフェ」は衝撃をもたらした。価格はホットコーヒー（Ｒ）１００円、（Ｌ）１５０円、アイスコーヒー（Ｒ）１００円、（Ｌ）１８０円で、15年2月末に7億杯となった。この売り方は、ほかのコンビニにも広がり、今や標準的な機能となっている。

　コンビニの店内にイートインコーナーを設けることも一般的なこととなり、コンビニと飲食店（とくにファストフード）はボーダーレスになっている。商品を購入した店内で飲食ができるということは、外食（飲食店）にとって、その利用動機がコンビニに取って替わられることも想定される。

(2)「高齢社会」によって「中食」が伸びていく

　現在の日本は「高齢社会」である。これは65歳以上の老齢人口が総人口の14％を超えた状態の社会のことであるが、日本の場合65歳の人口は27％を超えている（16年総務省）。

　高齢社会が進むことによって、中食がさらに伸びていく。とくに、宅配（デリバリー）の成長が顕著になっていく。それは、高齢になっていくことによって、外食（飲食店）を楽しみたいと思っても物理的に外食することが困難になり、さらに、家庭内で調理するボリュームが少なくなり、弁当・惣菜を買い求めた方が効率的だからである。

　また、飲食店が売上げを拡大するために店を展開していくためには、「人材」が必要となり、「家賃」がかかることとなる。このなかでとくに「人手不足」がますます深刻なこととなり、それを回避するために、外食（飲食店）が中食に進出していくことは容易に想定できる。

一方、外食（飲食店）にとっては「ケータリング」が有望になっていく。これは、店の料理を店以外の場所に届けることであるが、食材を半調理して会場に持ち込み、その会場で仕上げの調理を行う。さらに、スタッフが店と同等のサービスを行うことで本来の店の価値（ブランド）を伝えることができる。

(3) マーケティングの試みと原理原則

人口減少の一方で、15年の世帯数は10年のレベルに対して１５０万世帯以上増えて５５００万世帯を超えた。これは「単身世帯」が増えていることを示唆している。人口減少によって外食市場の縮小が懸念されるが、２人以上の世帯に比べて「単身世帯」の方が外食する比率は高い。この層に向けてフードサービス業が「健康管理」というソリューションを担うこともできる。

国内の産地と大都市の大きなマーケットをつなぐ「産直」も充実していく。とくに、漁業や農業の第１次産業を基盤とする地方自治体は、その大消費地となる市場（たとえば東京）とのつながりをいっそう求めてくる。

また、ＩＴ環境が充実するにともなって、「宅配」（デリバリー）に加えて「通販」も有望な市場になっていく。ここでは、その店・企業で定番となっている調味料やメインの食材が活用されていく。これによってその店・企業のブランディングはいっそう浸透していく。

３　ロボット、IoT、AI時代の外食産業

「ITの著しい進展によって、外食にどのような影響を及ぼすのか。」

これについて、２０１６年8月に、FOODiT未来総研による「外食産業の10年後」で発表されたものが興味深く、適格でないかと予想する。

「すでに日本の外食産業は飽和状態にあるとされている。市場規模は１９９７年の29兆円をピークに、以降は年々下降傾向。ここ数年はピーク時のおよそ2割減の23~24兆円で推移、２０２０年には1割、２０２５年には2割ほどの縮小が予想されている。」

外食産業にとって今後重要となることは、以下3つの変化を嗅ぎ取ることだと指摘された。

① 人口動態の変化……総人口の減少、高齢者比率の上昇など
② 移動にまつわる変化……自動運転の実用化
③ 健康にまつわる変化……ヘルスログ（健康管理）サービスの一般化など

「その一例として、アルコールに関する変化をとらえてみると、自動運転の普及によって飲食機会が増える半面、リモートワーク（在宅勤務）などの増加によって「会社呑み」は減少する。その結果、飲食機会の減少にともなってアルコール離れは加速する。

また、健康面での意識変化により、嫌たばこのように、嫌アルコール層が社会的に強い発言力をもつ可能性がある。そうなると、『アルコールのない居酒屋』といった業態が誕生するかもしれな

い」（配布資料「外食産業の10年後予想レポート」より）。

また、ロボット、ＩｏＴ、ＡＩの進化によって、外食産業が生み出す商品＝「サービス」にさまざまな変化が訪れるとされていた。では、どのような変化が起きるのだろうか。

(1) 調理ロボットの進化

調理の下処理のような比較的安易な作業については、どんどんロボットに置き換えられる。熟練技術についても、ベテラン調理人の高度な調理技術をデジタルデータ化することで、ゆくゆくは調理ロボットも再現できるようになる。

(2) デジタル化された調理情報の販売

高度な調理技術を再現できる調理ロボットが開発され、それが低価格化していくと、今度は家庭への普及が始まる。家庭ではデジタル化された調理情報を購入することでプロの味が再現できるように、プロ調理人はこの情報を販売することで収益を得ることが可能になる。

(3) 飲食行動をリコメンデーションするサービスが登場

ヘルスログサービスがさらに進化し、最適な食事を教えてくれる「リコメンデーション（履歴・属性）サービス」の提供が始まる。たとえば、適量を超えた飲酒を行うと警告が発せられたり、翌日の体調不良を予防するためのアラート（警報）が得られたりする。

(4) 飲食店以外でクオリティーの高い食事が楽しめる

調理ロボットなどの進化により、場所の制約なくクオリティーの高い飲食サービスが受けられるようになる。初期段階としては、マンションの共用施設や保養施設のパブリックスペース、コンビニエンスストアなど。やがて、一般家庭においても有名シェフの技術で調理された料理が手軽に食べられるようになっていく。

このように、フードサービス業を取り巻く環境が多様化していくことにともない、新しいビジネスチャンスが続々と誕生していく。

この動向に対して、外食（飲食店）は果敢に挑戦することが必要だ。ロボット、ＩｏＴ、ＡＩを備えることも重要となる。

フードサービス業の原理原則としては、これから人口が減少していくなかで、それを収益として克服していくためには、同じお客様が繰り返し利用する「リピーター」をたくさん獲得していく必要がある。

そのためにフードサービス業は、お客様が「また行きたい」と心が躍るように自店の魅力を磨くことと、「原理原則」であるＱＳＣを絶えず向上させる努力を重ねる必要がある。

市場規模の推移と折々の出来事（1）

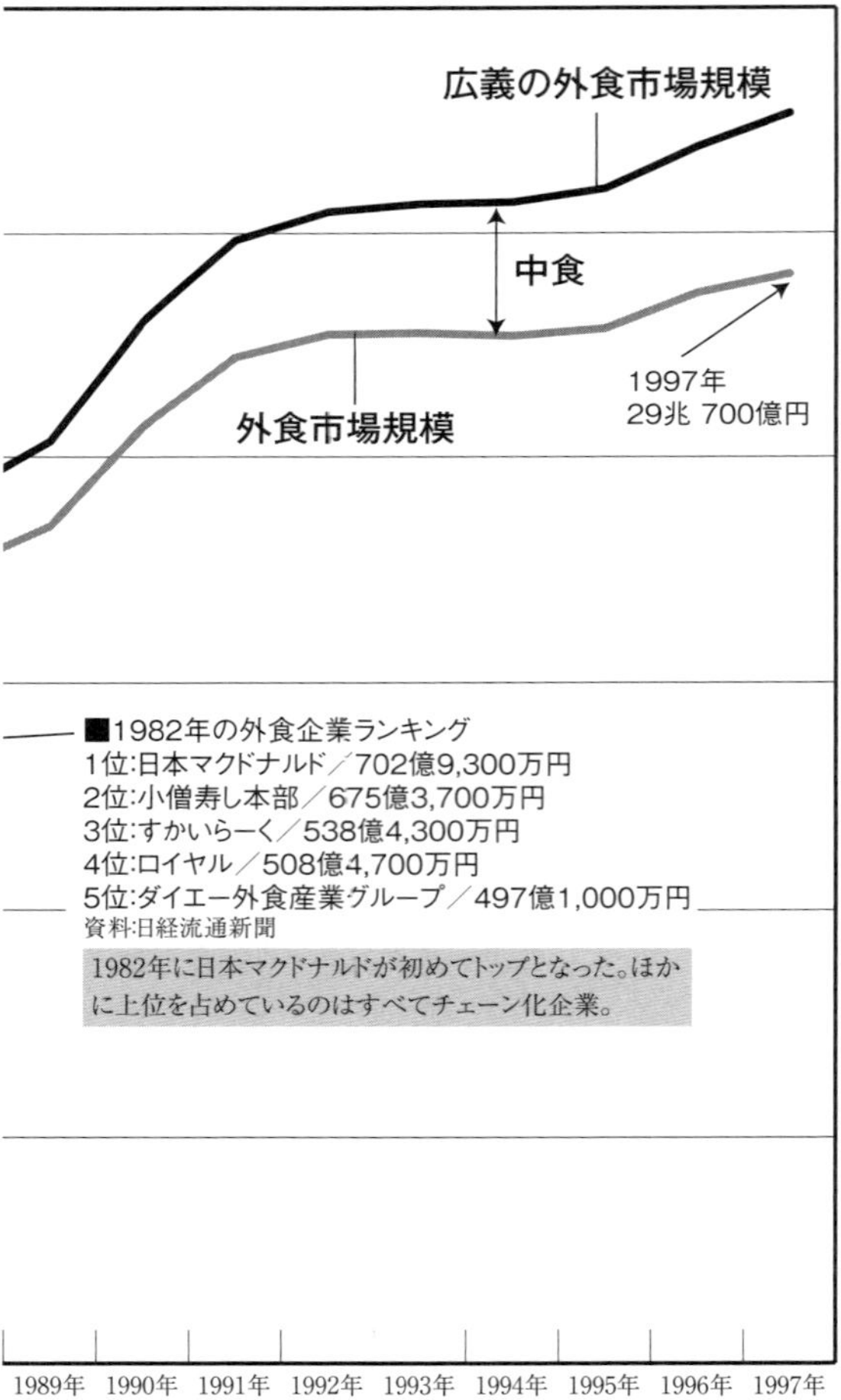
広義の外食市場規模
中食
外食市場規模
1997年
29兆 700億円
■1982年の外食企業ランキング
1位:日本マクドナルド／702億9,300万円
2位:小僧寿し本部／675億3,700万円
3位:すかいらーく／538億4,300万円
4位:ロイヤル／508億4,700万円
5位:ダイエー外食産業グループ／497億1,000万円
資料:日経流通新聞
1982年に日本マクドナルドが初めてトップとなった。ほかに上位を占めているのはすべてチェーン化企業。
1989年
1990年
1991年
1992年
1993年
1994年
1995年
1996年
1997年

「外食」と「広義の外食」の

■チェーンレストランの1号店
・1970年7月すかいらーく国立店
・1971年4月ミスタードーナツ箕面店
・1971年7月マクドナルド銀座店
・1972年3月モスバーガー成増店
・1974年4月デニーズ上大岡店

★1986年4月「男女雇用機会均等法」施行
職場での男女平等を確保し、女性が差別を受けずに、家庭と仕事が両立できるようにつくられた法律。これにともない「中食」の需要が増えるきっかけとなった。

日本のフードサービス業の近代化は、1970年に大阪で開催された日本万国博覧会でケンタッキー・フライド・チキンが出店したことが端緒である。この年より今日の大手チェーンレストランの1号店が続々と誕生した。

■1974年の外食企業ランキング
1位:日本食堂／309億2,200万円
2位:ニユートーキヨー／146億6,600万円
3位:養老商事／146億円
4位:北国商事／133億円
5位:魚国総本社／130億円
資料:日経流通新聞

「日本食堂」は、日本レストランエンタプライズの前身。日本国有鉄道(国鉄)のエリアで車内販売、食堂車、駅構内の食堂などを営業。「ニユートーキヨー」「養老商事」居酒屋。「北国商事」はラーメン。「魚国総本社」は給食。

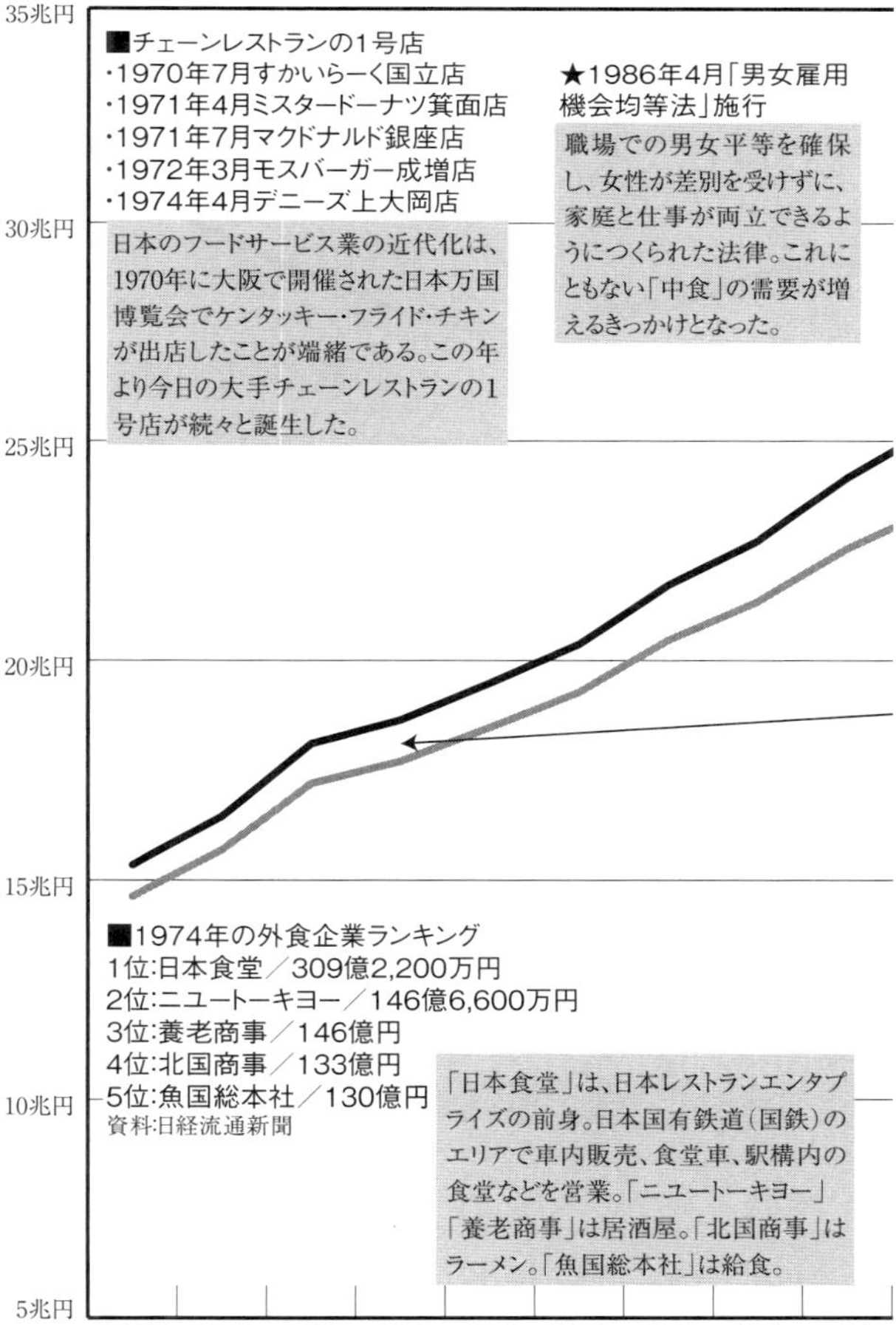

資料:グラフの数値は(公財)食の安全・安心財団の統計資料に基づく

市場規模の推移と折々の出来事（2）

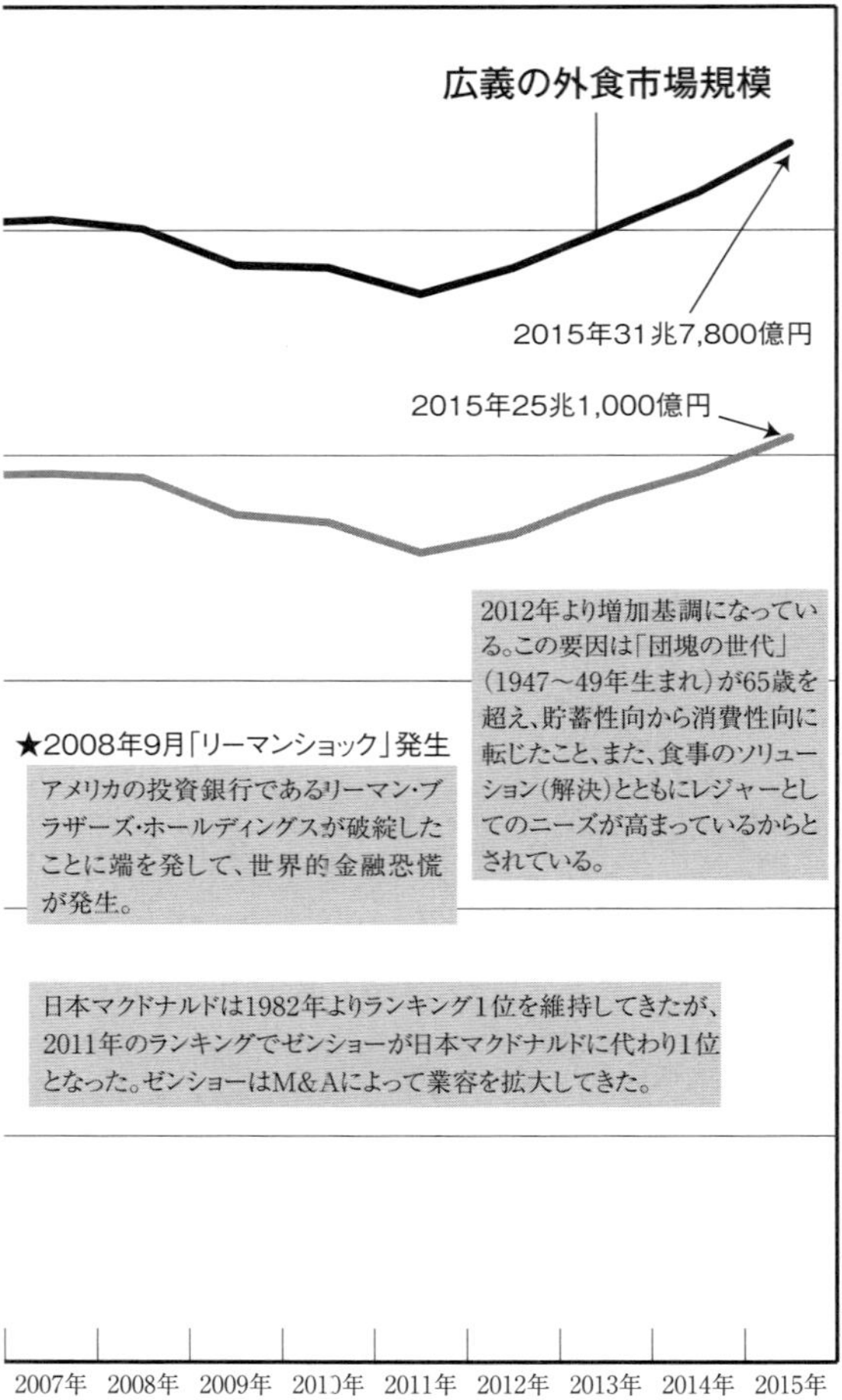

「外食」と「広義の外食」の

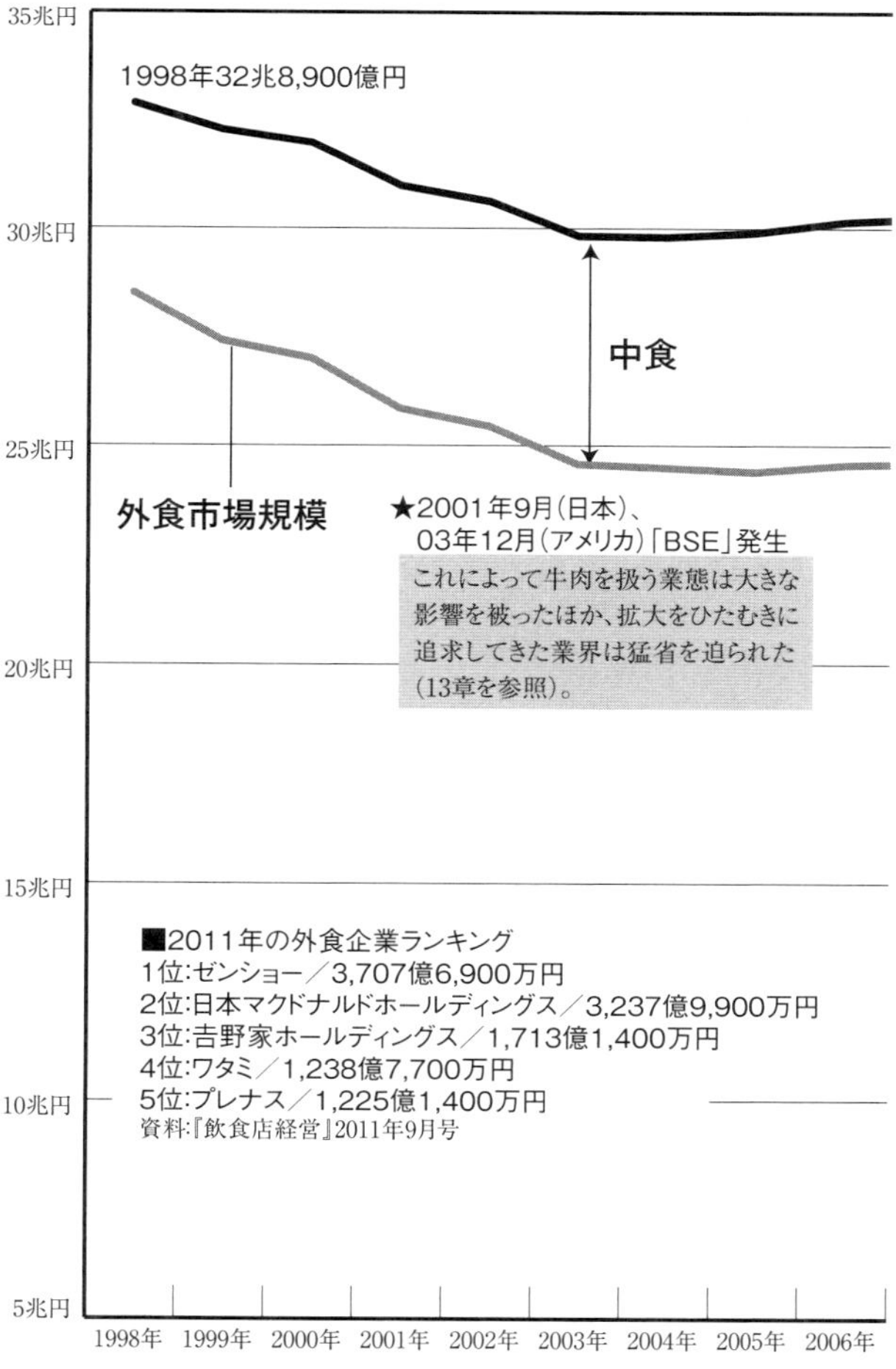

資料：グラフの数値は（公財）食の安全・安心財団の統計資料に基づく

『飲食店経営』2016年10月号より

（単位：百万円）

58	ペッパーフードサービス	16,198
59	ブロンコビリー	15,926
60	テンアライド	15,521
61	ワイズテーブルコーポレーション	15,011
62	三光マーケティングフーズ	14,492
63	SFPダイニング	14,076
64	ジェイグループHD	13,823
65	ライフフーズ	13,029
66	うかい	12,071
67	ひらまつ	11,815
68	ヨシックス	10,975
69	東和フードサービス	10,597
70	ゼットン	10,141
71	丸千代山岡家	10,068
72	マルシェ	9,750
73	ピエトロ	9,728
74	一六堂	9,645
75	ハブ	9,540
76	グローバルダイニング	9,537
77	フレンドリー	8,675
78	ホリイフードサービス	8,224
79	カルラ	8,050
80	銀座ルノアール	7,601
81	きちり	7,371
82	フライングガーデン	7,218
83	ハチバン	7,056
84	JBイレブン	6,654
85	バルニバービ	6,642
86	東天紅	6,217
87	小僧寿し	6,054
88	海帆	5,922
89	かんなん丸	5,796
90	エスエルディー	5,272
91	関門海	5,207
92	フジタコーポレーション	5,149
93	ゼネラル・オイスター	3,893
94	東京一番フーズ	3,816
95	精養軒	3,004
96	ワイエスフード	1,806

上位96社の売上高総計は4兆5,826億6,600万円で、前年（上場91社で4兆3,592億700万円）と比較して5.1％の増加となった。上位5社は前年と同様。また、（一社）日本フードサービス協会発表の外食産業市場規模推計（2015年）25兆1,816億円の18.2％となっている。

フードサービス企業売上高ランキング（上場企業）

1	ゼンショー HD	525,709
2	すかいらーく	351,146
3	コロワイド	234,138
4	日本マクドナルド HD	189,473
5	吉野家 HD	185,738
6	プレナス	145,828
7	サイゼリヤ	139,277
8	ロイヤル HD	130,327
9	ワタミ	128,246
10	ドトール・日レス HD	124,796
11	くらコーポレーション	105,306
12	クリエイト・レストランツ・HD	103,271
13	トリドール	95,587
14	日本 KFCHD	88,180
15	松屋フーズ	83,947
16	カッパ・クリエイト HD	80,320
17	王将フードサービス	75,317
18	モスフードサービス	71,113
19	大庄	70,765
20	サンマルク HD	66,056
21	ジョイフル	62,880
22	ココスジャパン	58,511
23	アトム	52,830
24	ロック・フィールド	49,935
25	ハークスレイ	48,736
26	チムニー	47,786
27	木曽路	44,161
28	壱番屋	44,014
29	柿安本店	43,527
30	リンガーハット	41,129
31	サトレストランシステムズ	40,061
32	グルメ杵屋	38,552
33	幸楽苑 HD	38,206
34	ハイデイ日高	36,795
35	ダイナック	36,134
36	物語コーポレーション	33,432
37	フジオフードシステム	33,324
38	元気寿司	32,318
39	ホットランド	30,941
40	ヴィア・HD	30,351
41	あみやき亭	29,955
42	ダイヤモンドダイニング	29,820
43	梅の花	29,410
44	WDI	27,629
45	ジー・テイスト	27,598
46	大戸屋 HD	26,012
47	サガミチェーン	25,887
48	アスラポート・ダイニング	23,495
49	イートアンド	23,004
50	エー・ピーカンパニー	21,839
51	アークランドサービス HD	20,942
52	銚子丸	19,730
53	鳥貴族	18,659
54	B-R サーティワンアイスクリーム	18,561
55	安楽亭	17,081
56	ジョリーパスタ	16,810
57	ジェーシー・コムサ	16,701

注　：株式公開企業のみ。HD＝ホールディングス。

第１章

外食チェーンの誕生

１９７０年
～革新をもたらしたエポックと リーディングカンパニーの創業～

産業が発展するきっかけにはエポック（画期的なこと）が存在する。日本のフードサービス業の場合は、「モータリゼーション」「東京オリンピック」「日本万国博覧会」となるであろう。以下、要所については『月刊食堂』等の関連書籍から引用して述べる。

まず、「モータリゼーション」は、日本人の行動範囲を大きく広げ物流を発展させて、商業の大きなステージを郊外に創造した。これがフードサービス業につながるのは、ドライブインが端緒である。

１９６１年に日本のドライブインの先駆けといわれる「トヨペットサービスセンター」が神奈川・小田原にオープンした。ここはトラックドライバーの休憩や食事のとれる施設だった。その後、自動車メーカー各社が一般消費者向けの販売に力を入れるようになり、これらを対象とした飲食店がロードサイドに増えていった。そして、チェーン化志向の店が立ち上がった70年代以降から、本格的なロードサイドの時代が始まった。

「東京オリンピック」は64年に開催。選手村では毎日７０００食の食事が作られた。この大量の調理を賄うために、冷凍食品の技術と解凍法、調理法が向上した。ここにはレストランが2カ所設けられ、総勢３００人を超える料理人がいた。オリンピック開催期間中に60万食が作られた。

「日本万国博覧会」は70年に開催。当時の『月刊食堂』の記事に「１日１億円強が会場内の食堂に落ちている勘定」とある。このなかで注目されたのはアメリカゾーンで、「ケンタッキー・フライド・チキン」（以下、ＫＦＣ）や当時福岡が本拠地であったロイヤルがカフェテリアやステーキハウスを運営していた。ここのＫＦＣは、日本にファストフード（ＦＦ）という業態の将来性を見せつけた。店内に「オートクッカー」が存在して、チキンとポテトにロールパンが付いて１セット３５０円、１日ざっと４６００セットを販売し、日商１６０万円を売り上げていた。

以下に、外食チェーンの代表的な４社の成り立ちを記しておく。

１　ＦＦチェーンの端緒となるＫＦＣ

日本万国博覧会の前年１９６９年に第二次資本自由化が行われ、その後、日本の飲食業に外資が到来した。そして、日本万国博覧会会期中の７月に、三菱商事とアメリカのケンタッキー・フライド・チキンが合弁で日本ケンタッキー・フライド・チキン（日本ＫＦＣ／現・日本ＫＦＣホールディングス）を設立した。

70年は、「ＫＦＣ」（日本ＫＦＣ）、「ウインピー」（東食ウインピー）、「ダンキンドーナツ」（レストラン西武）とＦＦチェーンの１号店が続々と立ち上がった年でもある。

ＫＦＣは日本万国博覧会閉幕２カ月後の11月

に、名古屋市郊外のショッピングセンター（ＳＣ）の敷地内に1号店を出店した。

この指揮を執っていたのは、後に社長となる大河原 毅氏である。アメリカが描く日本での店舗展開は、名古屋、関西、東京へと直営を5店舗出店して、その後ＦＣ展開をしていくというものだった。その構想通りにオープンした1号店は月商50万円と振るわず3年後に閉店。2号店は大阪・住吉、3号店は大阪・枚方であるが、どちらも不振。その後、神戸トアロードの物件が出て、71年４月に出店したところ軌道に乗った。

そして、同年７月東京・青山に出店して成功。同年９月にＦＣ第１号の神奈川・江ノ島店をオープンして爆発的にヒット。こうしてチェーン化の軌道を作った。

2 アメリカからの指示を固辞した日本マクドナルド

日本マクドナルド（現・日本マクドナルドホールディングス）の創業者、藤田 田氏は、藤田商店という輸入商社を営んでいた。英語が達者であったことから、日本の大手商社などをアメリカ側に紹介する役割を担っていた。

マクドナルドの日本展開についてはダイエーがアメリカとの合弁会社を設立するべく交渉を行っていたが、出資比率で合意に達することができず決裂となった経緯があった。

ある日、アメリカ側から「フジタ、マクドナルドを君がやってくれ」と提案があった。以下は『月刊食堂』の別冊『日本の外食産業』（１９９１年）

からの引用である。

「私はとてもできない。だからやれる人間を紹介しているではないか、と断ったら、われわれは決定権をもつ人間とさしで交渉したいんだ、と言ったね。そしてある程度金を持っていて、ある程度学歴があって、40歳前後で、自分の仕事を持っていて、遊んでいられて、英語が分かって、身体強壮である。そういう人間でなければ交渉相手にならない、と言うんだ。そして、お前は全ての条件を満たしているではないか、と言ったんだ。」

これに対して、藤田氏は次の条件を出した。

①出資比率は50対50であること。②社長は日本人がやってアメリカ人は経営に一切口を出さないこと。③もうけはアメリカに持って帰らずに、すべて日本で再投資すること。④経営権、人事権は一切藤田に帰属すること。あらゆる経営ノウハウは提供してもらうが、アメリカ側から命令は一切出さないこと。

このような高飛車な条件を提示すると、提案は引き下げられるかと思ったが、代表のレイ・クロック氏は「こいつならばやる。事業に本気で取り組む気があるからこそ、厳しい条件をつけてきたのだ」と納得したのだという。

そして、マクドナルド1号店は日本の商業の象徴である東京・銀座の三越百貨店1階に出店した。

同店の出店に際して三越側から、工事の時間を「39時間」しか与えられなかった。そこで、開店準備サイドでは同じような物件を用意し、工事に要する時間を短縮して店をつくるためにシミュレーションを何度も繰り返したという。

3　先駆的にインフラを整えたロイヤル

ロイヤル（現・ロイヤルホールディングス）の創業者、江頭匡一氏は１９２３年生まれ。終戦後の１９４６年に電気工事会社の昭興電業社を福岡市内に設立し、事業家としてのスタートを切った。それ以前、福岡・板付のアメリカ軍基地でコック見習いをしていたことがあり、この縁でアメリカ軍の指定商人となった。

49年春日原基地のなかにベーカリー工場を作り、初めて「食」と出合った。翌50年にロイヤルの前身となるキルロイ貿易を設立した。

本格的な外食ビジネスへの足がかりとなったのは、51年に板付空港（現・福岡空港）内にレストランをオープンし、機内食の納入事業を始めたことである。56年にはベーカリー、レストラン、アイスクリームの三つの事業を統合してロイヤルを設立した。

ロイヤルは、近代のフードサービス業において先駆的なことを行った。

まず、61年に冷凍技術をもったセントラルキッチンを開設した。これがアメリカのフードサービス業を産業化につなげたことを、江頭氏はアメリカの専門誌を読んで知っていた。

次に、78年に株式を上場した（福岡証券取引所）。これは「食べ物屋」さんを「フードサービス業」という産業に押し上げた。

そして、77年ロイヤルホスト三鷹店を出店し、ロイヤルは東京進出を果たした。

４　ロードサイドを開拓した すかいらーく

すかいらーくは、長野・諏訪市出身の横川　端《ただし》氏、茅野　亮《たすく》氏、横川　竟《きわむ》氏、横川紀夫《のりお》氏の４兄弟が創業した。

東京で事業を立ち上げる話は当時、次男の亮氏から二人の弟にもちかけた。そこへ長男の端氏が参画した。最初は３人で１９６２年に「ことぶき食品」という食品小売業を立ち上げ、東京・北多摩郡のひばりが丘団地の前で小売業を営んだ。赤ん坊の離乳食用に考えられた減塩・無添加のシラスのパックが主婦の間で評判となり、それ以来三多摩地区で店舗を展開していった。

しかしながら、１９６８年に「流通革命」を名乗る大型チェーンストアが近隣にオープンして、ことぶき食品の売上げは激減した。

このまま食品店を展開していくのか、別の事業に転進するかの判断をすることになった。そこで、66年と67年に渥美俊一氏主催のペガサスクラブのアメリカ視察セミナーに参加した。そこで見たものは、郊外立地で隆盛するショッピングセンターと、それを取り巻く外食チェーンであった。そして、フードサービス業を興すことを決断した。

そして、団塊の世代のニューファミリーに狙いを定めて、家族で楽しく過ごす「ファミリーレストラン」（ＦＲ）を考え出した。こうしてＦＲすかいらーくの1号店（国立店）は70年7月、府中市西町の甲州街道下り線にオープンした（写真１―１）。

すかいらーくがチェーン展開のために考え出し

写真１－１

1970年に「すかいらーく」１号店がオープン

た仕組みは、「リースバッグ方式」である。これは、店舗を出店するとき、土地を購入すると高い買い物になり、地主も土地を売りたくないということから、「立地を選定したら地主に交渉し、すかいらーくが設計した建物を地主負担で建ててもらう。その見返りとして、すかいらーくは投資額に見合う家賃を支払う」という仕組みである。地主の合意の下で店舗をつくってもらい、借り戻すので「リースバック方式」である。この仕組みには各社が追随した。

こうしてチェーン化を推進していたが、91年のバブル経済崩壊とともに転機を迎えた。店舗数が増えてきたことで、店舗当たりの商圏設定も縮み、家族客も減少してきていた。

そこで、第3章で述べる低価格業態の「ガスト」が誕生する。

第２章
ディナー帯がにぎわっていく

１９８２年
〜大衆居酒屋チェーンから
カジュアルレストラン・アッパーまで〜

近代のフードサービス業をけん引したものは、ファストフード（ＦＦ）とファミリーレストラン（ＦＲ）である。ＦＦが客単価５００円前後、ＦＲが客単価１０００円前後と、食事が中心で客単価の低い店のチェーン展開であった。これらは１９７０年に始まり80年代に大きく成長した。

その一方で、アルコールの世界でもチェーン展開が進んだ。

草分け的存在はニユートーキヨー（すべて大文字）である。１９３７（昭和12）年、東京・有楽町で当時の朝日新聞と日本劇場の向かい側に５階建て本店ビルが誕生。同店は、１階がドイツ風ビアホール、２階が生ビールと和食、３階が生ビールとすき焼き、４階がビールも飲めるカフェ、５階屋上がビアテラスと、わが国初の総合飲食ビルであった。同社は、これより本格的にビアホールを展開していった。このような同社にならう事例がたくさん出てきて、アルコール業態の大衆化とレジャー化が活発になっていった。

１　価格の安心感で大衆居酒屋チェーンが隆盛

大衆居酒屋チェーンは、「養老乃瀧」に起源が求められる。同社は１９３８年に長野・松本市で

写真２－１

居酒屋チェーンの先駆け「養老乃瀧」は

1956年に１号店をオープン

創業、創業者は木下藤吉郎氏である。56年12月に神奈川・横浜市に「養老乃瀧」1号店をオープンし、本社も横浜に移して多店化を始めた（写真2－1）。66年10月には、FC1号店を東京・成増にオープンした。

私が青森の高校生だったころ、東京で就職していた兄の下宿を訪ねたときに（75年）、テレビに同社のCMが流れた。それは、戦国時代のイメージで兵を率いて馬にまたがり、草原を疾駆する鎧姿の大将が、馬を止めて、カメラに向かってこう言ったのだった。

「養老乃瀧、目標２０００店！」

飲食店の経験が少なく、チェーンレストランの存在を知らなかった青森の高校生の私にとって、この数は膨大なものだった。そして、ビジネスに立ち向かう経営者の甚大なる野心と、そこに集まる人々の勇ましさを感じ取った。

以来、大衆居酒屋チェーンの創業は70年前後に集中している（数字は創業の年）。

・「庄や」（大庄、68年）
・「天狗」（テンアライド、69年）
・「つぼ八」（つぼ八、73年）
・「村さ来」（日本料飲コンサルタンツ、73年）

これらのチェーンは80年ごろから大きく隆盛する。背景には、酎ハイという粗利の高い商品と、価格上のブランディングが存在した。

価格上のブランディングとは、メニュー設計によって客単価２５００円に着地できるようにしたことだ。

それは、居酒屋のお客様は1人当たり5品注文する。2ドリンク・3フードの場合もあるが、3ドリンク・2フードの場合もある。そこで、単品の価格をすべからく５００円に近づけた。今日生ビールは「中ジョッキ」という言い方をするが、本来のビールジョッキは大きくて８００円ほどする商品になるので、価格を５００円に近づけるために中ジョッキという容器を開発したのだった。その他、焼き鳥は3本セットで４００円、刺身は3点盛で６５０円……という具合である。そこで×5で２５００円となる。こういう仕組みはお客様に、大いに安心感をもたらした。

大衆居酒屋チェーンはこのような価格の安さから学生など若者が利用する機会が増え、若者向けの業態に整えていった。これらのチェーンの次世代型は、モンテローザ（75年）とワタミ（84年）である。両社ともつぼ八の加盟店からスタートして、モンテローザは２０００店、ワタミは７００店と隆盛した。

２　客単価２５００円のワンランク上が誕生

居酒屋チェーンは１９９０年に入り、客単価２５００円のワンランク上に３５００円のグループが誕生した。これらの多くは、居酒屋で人気メニューの刺身をダイナミックに提供し、主にグループ客の宴会需要に対応した。

『飲食店経営』１９９５年12月号では「95年飲食業の流れを変えた繁盛店」という特集をしている。ここで「大箱の店舗で鮮魚パワー全開」と題して、当時一世を風靡《ふうび》した「瑠玖《るっく》」「めのコ」「北海道」が紹介されている。とくに、瑠玖の刺身は一切れが名刺サイズで、厚さ１㎝ほどのボリュームがあり、それを体験するたびに皆興奮したものである。

このように大衆より上の価格の業態が隆盛した理由は、80年代の大衆居酒屋チェーンを体験していた若者たちが30代40代となり所得が増えたことと、経験値が高くなることで既存の大衆居酒屋には飽き足りなくなったからだ。さらに、物流が発展することで、都会でも地方の産地から鮮度の高い食材を提供できるようになった。

この特集では、ほかのカテゴリーとして「店とお客が醸し出す劇場的空間」「フレッシュなビールの飲み比べ」がまとめられている。前者では当時、人気のディナーレストラン「ニューヨークグリル&バー」や「イル・ボッカローネ」、カジュアルレストランの「オー・バカナル」「イル・フォルノ」を紹介している。

これらの店は当時、なかなか予約が取りづらい存在であった。ディナーを楽しむために予約をするという今日の習慣は、これらの繁盛店がもたらしたと思っている。後者は、地ビール解禁が94年4月に行われたことから、大手ビールメーカー系のビアレストランがビールのクオリティーの高さをアピールしていた。

サイゼリヤのことをまとめた第6章の前段で、専門店が増えた現象について少し触れるが、アルコールを提供するディナー帯の非日常的な場面でも専門化、多様化が進んだ。

これらの店に共通しているものは「エンターテインメント」という付加価値の存在である。「その店に行くとワクワクする」という劇場的な楽しさが、お客様の来店動機につながった。

3 客単価4000円の世界が誕生

このような現象はフジテレビの『料理の鉄人』（1993年10月～99年9月）も大きく後押ししていた。この番組の内容は、著明なシェフと挑戦者のシェフが一つの食材をテーマに番組の時間内で料理の技を競い合うというものだった。これによって、98年ごろからディナー帯に新しい外食シーンが登場した。

その現象を象徴したのはニューヨークの「ノブ」である。同店の沿革はこうだ。

東京・深川出身の寿司職人であった松久信幸氏は、ビバリーヒルズのラ・シエネガ通りで日本料理の「マツヒサ」を87年から営業。常連客であった俳優のロバート・デニーロ氏からニューヨークでの共同経営の話を持ちかけられ、ニューヨークの起業家でもあるドリュー・ニーポレント氏も加わり、マンハッタンの旧倉庫街のトライベッカに93年ノブが誕生した。

ノブはたちまちにして人気を博し、『ザガット・サーベイ（ニューヨーク版）』で優秀新人賞、および最優秀日本料理賞に輝いた。同誌でのノブの解説は「ペルージャン・ジャパニーズ……」つまり、「ペルー風の日本料理」という文言で始まる。当時、ニューヨークで人気のフュージョン料理の分野でその地位を築いた。

このようなノブの話題が、日本の事業者にもお客様にも伝わった。

これらを背景に『飲食店経営』99年2月号では、「いよいよ強まる和風カジュアルの勢い」と題した特集を組んでいる。ここで紹介している事例店は「えん」「もめん屋」「すみか南青山店」「月の蔵」「野野」であるが、いずれも和食をベースとしたフュージョン料理である。客単価４０００円から４５００円。先に紹介した客単価３５００円の業態と比べると、食事を共にする人数が少なく、主にカップルをターゲットとするところが多く見られた。また、間接照明を多用していて、非日常的な雰囲気を醸し出した（写真２―２）。

4　QSC＋アトモスフィアが定着する

これらの領域で注目されたのは、業態開発や店舗プロデュースを専門とするミュープランニング&オペレーターズ（以下、ミュー）である。ミュー

写真2－2
スタイリッシュな内装の
和食ダイニング業態「えん」

は先の「えん」と「すみか」の店舗デザインを担当していた。ミューの母体はサントリーの業態開発部で、当時「ジガーバー」や「白札屋」「膳丸」「プロント」などのヒットコンセプトを生み出した。

これらのミッションは、ウイスキーが売れにくくなっていた時代における顧客創造であった。とくに、ジガーバーは通常のウイスキー1ショット30mℓを45mℓにした「ワンジガー」を生み出し、人気を博して多店舗化した。

ミューの設立は1991年3月である。これ以降、ミューが時代を半歩先取りした形で新しい市場を切り拓くことができたのは、直営の飲食部門をもっていたからである。来たるべき需要に対してこれらの直営店で実験と検証を行い、また、これらをショールームとして新業態を求める飲食業の経営者たちにアピールすると同時に新規客を開拓した。

　これらの「新しさ」のポイントは、店舗デザインから始まってオペレーション、メニュー開発など多岐にわたった。ミューの直営ブランドとして「ＤＥＮ」があげられるが、同じ店名にバー、トラットリア、居酒屋などの冠がつけられていて、その店名の店に入ると新しい提案に満ちていた。ミューはフードサービス業の原理原則であるＱＳＣに「アトモスフィア」を付け加えた先駆けであると認識している。

　これらのことを簡単な言葉でいえば「かっこいい店」だ。これらの店を見た若者が発奮して、もっとかっこいい店をつくろうと考える。このようにアトモスフィアのある店は、フードサービス業に新しい価値観をもたらし、若者たちの野心をかき立てた。

第３章　ガスト旋風！

１９９２年
～低価格業態からはじまり、走りながら考えた すかいらーく激動の90年代～

「おどろきのネダンと共に、15年前をお召し上がりください」

私は、この文言を１９９２年の春先に日経流通新聞の紙面で見た。それは、すかいらーくが３月から行う実験店「ガスト」についての報道である。この本の原稿を書くに際して、試しにインターネットでこの文言を検索してみたら、「低価格のガスト」のことがまったく出てこなかった。それほど昔の出来事であったのかと感慨深い。

92年はバブル経済が終わったばかりである。バブル経済は消費者にディナーレストランの経験値を高める機会をもたらしたが、フードサービス業全般では、「３Ｋ」（きつい、きたない、きけん）といわれるようになり、人件費、家賃ともに高騰して、すべからく逆風が吹いていた。雑誌の企画を考えるに際して、新しい取組みや心躍る現像はまれであった。

当時、私は33歳の若造だったが『月刊食堂』の編集長をしていて、平均年齢27歳で6人の編集部員を束ねていた。若い編集部員たちはアポ入れの電話対応が未熟だったこともあるかもしれないが、この当時、取材対応をしてくれる外食企業はほとんどなかった。そこで、誌面の多くは経営コンサルタントの論文を中心に構成していた。

そんな状態のなかで「ガスト」が誕生した。当然、取材はウェルカムで、取材に飢えていたわれわれ経営マスコミは、こぞって「ガスト」を取り上げた。

1 チェーンレストランの小商圏化対策

ガストは、ファミリーレストラン（FR）のリーディングカンパニーであるすかいらーくが打ち出した低価格業態である。1号店は1992年3月にリニューアルオープンした上水本町店（東京・小平市）。同店はすかいらーくが実験を行う店舗であった。

その当時、FRすかいらーくをはじめとしたFRでは、フードメニューが80～100品目でプライスポイントが680円であった。ガストはそれ

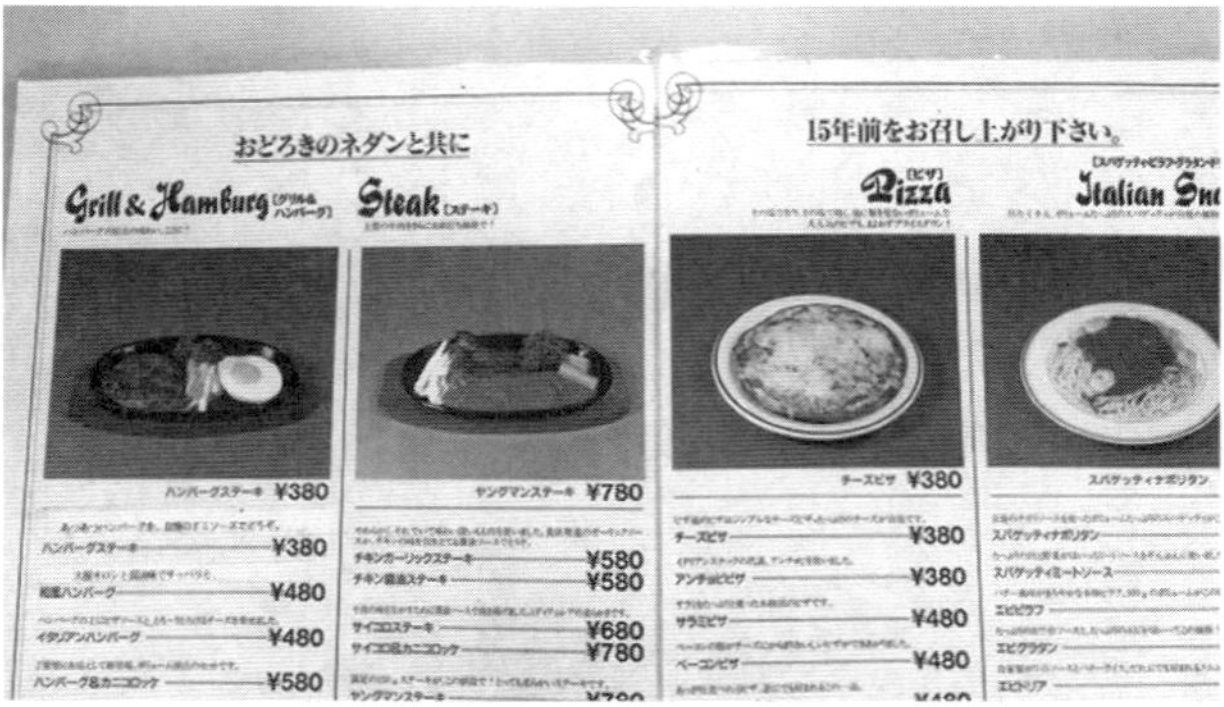

写真３－１

1992年当時の「ガスト」のメニューブック

を35品目に絞り込み、人気メニューのハンバーグ、ピザ、スパゲティを３８０円とした（写真３―１）。ＦＲの客単価が１０００円だった当時、ガストは７００～８００円を想定した。

ガストのこのようなメニュー戦略の意図は、「メニューを絞り込むことによって、料理はおいしくなる」「サービスをトレードオフして価格を引き下げる」「これによってお客様に喜んでいただく」ということだった。

以来、すかいらーくではＦＲすかいらーくの既存店を、ドリンクバーの設置と内装を替える以外に追加投資をほとんど行わずガストに切り替えていった。

ガストに限らず、すかいらーくでは新業態に果敢に挑戦していた。ＦＲに拘泥せず、ＦＦも同様であった。ガストの前に東京・渋谷のスペイン坂の上に「サンタフェ風」のフライドチキンの店をオープンして、競合がひしめくなかで新コンセプトをアピールしていたが撤退。そのユニフォームをガスト上水本町店のスタッフが着用していた。ここに「走りながら考える」という姿勢が感じられた。

ちなみに、ガストを計画していたころ、すかいらーくは業績に極端な問題点があったわけではない。経常利益は減益になることがあったが、経常利益率はほぼ10％を維持していた。

では、ガストは何を目指していたのか。当時のすかいらーく広報担当者はこう語っていた。

「ガストは当初、チェーンレストランが立ち向かう小商圏化の解決策として開発されました。それが『消費を抑える』という価値観が追い風となり、予想以上の展開を見せています。」

このころ、私は「ガストの駐車場には、ほかのＦＲと比べて自転車が多い。小商圏化対策によって地域の外食マーケットを細かく掘り起こしていることの証しである。」という記事を書いていた。

すかいらーくからガストに転換した店の平均値は、客数２０５％、日商１６０％となっていた。上水本町店での実験段階では「客数１５０〜２００％となる」ということであったが、予想をはるかに上回っていた。

先に述べたように、ガストが低価格を維持するために行ったことは、サービスのトレードオフであった。従業員はお客様に進んで接客をしない。お客様が従業員に何かしてほしいときには、テーブル上にあるブザーを押す。ソフトドリンクはドリンクバーに集約して１８０円でフリーにした。ファーストサービスで従業員がお客様に水をお持ちすることがＦＲの慣習であったが、これもお客様が自分で行う。このようなガストは「自由なレストラン」という言い方で広がっていった。

2　時代は「安さづくり」が正義だった

私は１９９３年８月に柴田書店を辞めることになり、11月に商業界に入社して『飲食店経営』に配属された。私は転職したものの外食の記者を継続することができた。そして、ガストの動向をウォッチすることも継続した。

当時のＦＲ各社のあるべき姿はすべからく「安さづくり」であった。安さを実現することが、真の社会貢献であると言わんばかりであった。

『飲食店経営』94年９月号で「ガスト旋風丸１

年〜ローコスト・ロープライス完全研究」と題した特集を組んだ。特集の巻頭は大御所渥美俊一氏の論文「低価格作戦の第1段階は、主力1品目の価格を2分の1にすることだ」というもの。そして全体を22ページでまとめた。このなかで「これが低価格業態を成功させる手法だ」と題した座談会がハイライトとなっていた。メンバーは、外食企業を辞めて、それぞれの得意分野で活躍していたコンサルタント5人である。

5人の象徴的なコメントはこのようなものだ。

・変化に立ち向かって、価格を低くするぞという決意表明が必要だ
・今と同じ味で、安いものを仕入れるには、まったく別の方法を探る必要がある
・調理工程に主張をもってメニューを絞り込み、厨房の革新に挑戦すべき
・厨房機器はスタンダードを採用し、その機能を徹底的に分析して使え
・投資コスト抑制を国内だけで考えずに、海外建材の活用で品質を下げない工夫を

この流れに追随しないところも存在していた。しかしながら、時代がこぞって「安さづくり」を注目していたので、誌面に取り上げられることはなかった。雑誌をつくるわれわれには「価格以外のことを論じる経営専門誌は時代に取り残される」という認識もあった。

しかし、『飲食店経営』94年3月号で、大阪のFRチェーン副社長を務めた、あるコンサルタントがこうコメントしている。

「これまでチェーンレストランの商品は〝まずくないメニューを、そこそこの価格で提供すること〟が重要なポイントでした。しかし、大衆が今、

求めているのはプライスとおいしさです。これからは、これまでとは違った条件が求められます。低価格業態が４００、５００と拡大されたときにもっとも問われるのは、従業員のモラールがどのように維持されるか、です。」

３ 「FRすかいらーくの四半世紀の使命は終わった」

この見出しは１９９４年９月、東京・三鷹の本社前に「スカイラークガーデンズ」（以下、ＳＧ）をオープンしたとき、当時の茅野 亮社長が記者会見で発した言葉だ。

ＳＧの内外装は明るいアースカラーでコーディネートされ、テラス席を設けたほか、壁面にはガラスレンガを使用するなど一般のＦＲのイメージ

写真３－２
1994年に「スカイラークガーデンズ」がオープン

から一歩抜きん出ていた（写真３―２）。メニューのプライスポイントを７８０円、８８０円として、スパゲティ、ピザを主軸に37品目に絞り込んだ。客単価は１０００～１１００円を想定した。

茅野社長は、ＳＧは小商圏対策のガストとは異なる市場の開拓を狙うものとして、「ガスト以外のＦＲすかいらーくをすべてＳＧに転換する」と意気をあげた。さらに、ＳＧに類するコンセプトでローストビーフを主軸とした「スカイラークグリル」を開発して、洋食分野の重層的なブランド展開に進もうとしていた。

一方、ガストは94年の下半期に不振となった。その要因として先の大阪のコンサルタントの発言にあった「サービス力の低下」が指摘された。「自由なレストラン」を誤解する客層もいて、夜の時間帯の雰囲気を好ましくないものに変えたことも問題であった。

『飲食店経営』２０００年9月号では「すかいらーく研究」と題して代表取締役専務取締役の伊東康孝氏にインタビューした。ここで、同社の92年の「ガスト実験開始」に始まる半期ごとの事業内容をコラムにしているが、そのキャッチフレーズを並べるとこのようになっている。

・「ガスト本格展開」（93年上半期）
・「ガスト現象」（93年下半期）
・「ガスト効果」（94年上半期）
・「一転ガスト不振」（94年下半期）
・「ガストテコ入れ」（95年上半期）
・「ガーデンズ、グリル揃う」（95年下半期）
・「減益基調から脱出」（96年上半期）
・「既存店低迷」（97年上半期）
・「食べ放題業態」（97年下半期）

・「ポイントカード、宅配開始」（98年上半期）
・「特別損失１６８億円」（98年下半期）
・「バーミヤンと合併」（99年下半期）

　ここでのインタビューは00年7月に藍屋を吸収合併したことを話題の中心として行っているが、伊東氏は「新価格を創造するためにあらゆる変化と戦ってきた」「98年下半期の特別損失は、21世紀を闘うために膿を出し切った」といい、00年12月期は売上高32・7％増、経常利益39・9％を予想していた。

　このころのすかいらーくは、現状を否定しながら、新しさの創造にまい進していた。

　チェーンレストランの用語に「スクラップ＆ビルド」という言葉がある。その意味は、変化するニーズに対して適合性が低下した立地や店舗規模、店舗構造、あるいは設備、業態など環境の最適化を図る——ということだ。すかいらーくの展開は、まさにその象徴のように感じられた。

第４章　イルフォルノという新しい価値観

１９９５年
～ミッションを掲げることと「従業員満足」を追求する教え～

１９９０年10月、東京・六本木の麻布警察の裏に「ピラミデ」という名前のビルがオープンした。３階建てのこぢんまりとしたもので、ブティックやレストランが出店しているが、どれもイタリアンコンセプトである。

そのビルの３階に「イルフォルノ」というイタリア料理店がオープンした。オープンの当初はさほど話題に上らなかったが、翌91年の年初から、レストラン通の間で評判となった。それは「カジュアル」という言い方で伝わった。

その噂を聞きつけて私は早速、土曜日の午後に訪ねたのだが、隣のテーブルにミュージシャンの渡辺貞夫氏の一群がいた。私は彼らをちらちら眺めていて、「イルフォルノは格好いい大人たちが集まるお店」という印象を抱いたものだ。

イルフォルノのたとえで使われていた「カジュアル」とは、「これまでのレストランの雰囲気にはない、斬新で親しみやすい」というものだ。接客するスタッフは誰もが笑顔である。ＴシャツとＧパン姿で、かしこまっていないが、相手を尊重する言葉遣いである。私は当時それを「大学のサークルの先輩に接するような雰囲気」とたとえていた。

1 ロイヤルが探し求めたレストランの新基軸

同店の存在感は、周りのフードサービス業とは明らかに異なっていた。提供する料理はイタリア料理であるが、客単価は４０００円であった。

当時はバブル真っ盛りで、レストランの世界では「イタメシ」と称された店が、にわか金持ちの行きつけとなっていた。イタメシとはイタリア料理店のこと。そのブームを仕掛けたのはマガジンハウス系の雑誌であった（と思っている）。これらの各誌には客単価が1万円、2万円の「イタメシ」が毎号紹介されていた。この価値観が倒錯したような当時の様子は、ホイチョイ・プロダクションズの映画『バブルへＧＯ‼ タイムマシンはドラム式』に詳しい。

しかしながら、イルフォルノはイタメシのなかでは客単価が低い。ただし、この価格設定はレストランの「業態」（序章を参照）のセオリーどおりなのであった。つまり、イルフォルノは「カジュアルレストラン」なのであった。

同店を運営しているのはロイヤルであった。さすが、フードサービス業界をリードする会社である。根拠もなく1万円、2万円の価格を設定しない。

では、なぜロイヤルが「カジュアルレストラン」を展開するようになったのか。

ロイヤルはファミリーレストラン（ＦＲ）「ロイヤルホスト」を中心とした外食企業である。ＦＲは80年代に右肩上がりの成長を続けており、そのなかでもブランドごとにポジショニングが定まっていた。たとえば「すかいらーく」は……」、たとえば「デニーズは……」と、ブランドをあげるとそれぞれのイメージが描かれたものだ。そのなかでロイヤルホストは、ほかのＦＲに対してプレミアム（上質）を感じさせるものがあった。店内には店長と料理長の顔写真を掲げて「ＱＳＣ向上に努めています」というプライドを感じさせた。

そこでロイヤルは、今後事業を進めていく領域の一つとして、ＦＲのワンランク上を想定し、ロイヤルの幹部は「ロイヤルの次世代」にふさわしい業態を求めて、日本における近代フードサービス業の源泉であるアメリカを訪ねるようになった。

2　サンタモニカのカジュアルイタリアン

イルフォルノは、アメリカ西海岸のサンタモニカで人気を博していたイタリア料理店である。経営者はジョセフ・スーチバヌ氏（当時50歳）。イタリア・ミラノ生まれのジョセフ氏は70年代にラスベガスにレストランをオープンし、その後、本拠地をロサンゼルスに移して画期的なコンセプトの店を次々と展開し、繁盛店となっていた。

イルフォルノのコンセプトは「レストランという職場は自分の家であり、お客様は自分の家に招いた客人」ということ。店内はオープンキッチンで、前菜をディスプレーしたりデザイン性にも気を配ったが、もっとも力を入れたのはジョセフ氏の経営哲学（フィロソフィ）をスタッフに伝えていくことであった。店の構想は83年に生まれ、２年間の準備期間を経た85年にオープンした。

サンタモニカにオープンしたイルフォルノは、たちまちにして繁盛店となった。イルフォルノの来店客は「他に類を見ない居心地のいい店」と評価して、コアなリピーターとなっていった。これが口コミとなって広がり、当時、経営の一線から離れていたロイヤルの創業者・江頭匡一氏に伝わり、江頭氏はイルフォルノに魅入られた。

「ジョセフさん、あなたの経営姿勢を気に入りました。一度日本にいらして、僕の会社や店を見てみませんか。」

こうして日本には存在していなかったレストラン文化をもつイルフォルノが日本で展開されることになった（写真4―1）。

3　思いやりの言葉を引き出すサービスの心

イルフォルノの楽しさとは、スタッフの明るい接客に他ならない。会話からお客様をリラックスさせ、食卓を上手に盛り上げてくれる。

1995年の夏、私は「イルフォルノのスタッフはなぜこのようなことができるか」という趣旨の取材をしたいという願望が募っていた。そしてロイヤルの広報担当者に取材の依頼状を送った。

当時はワープロがあまり普及していなかったので、私は手書きの手紙を送っていた。2～3日経って広報担当者に取材が可能かどうか、確認の電話をする。すると「もう少し取材したい内容を具体的に書いてほしい」と言われた。結局、そのやり取りを3回行った。そして、取材の許可を取り継いでくれた広報担当者から「今度、西新宿にオープンするイルフォルノのオリエンテーションがあるので、それを受講して下さい。その後から、本編の取材に入ります」と指示された。

私はそのオリエンテーションに参加した。イルフォルノではアルバイトが採用されてからオリエンテーションを3日間行うが、2日目にイルフォルノの創業者、ジョセフ氏のフィロソフィを習熟した担当部長、渡辺正志氏の講義が1時間30分行われる。私が受講を指示されたのがこれであった。

内容はイルフォルノの考え方について、アルバイトに合わせてわかりやすく解説しているが、一貫して「仕事は自分の成長のためにするもの」ということを説いていた。

この認識は、講義のなかでの感動的な体験によってより鮮明になった。

渡辺氏はこう切り出した。

「さあ目を閉じて、これから話すことを頭の中にシーンを描こう。君たちの恋人が、遠く離れたニューヨークに留学している。その恋人が、半年

写真4－1
「イルフォルノ」
お台場ヴィーナスフォート店

ぶりに夏休みで帰ってくるという。外は暑い真夏日だ。成田に向かう電車のなかで、恋人に会ったら第一声で何と言おうか考えてみよう。」

15秒ほど時間を空ける。

「そろそろ成田に着く。『お帰りなさい』だけでいいだろうか。『暑い中、お疲れさま』と言おうか。」

右に同じ。

「さあ、成田に着いた。恋人が乗っている飛行機の到着ランプがついた。そして、恋人が到着のゲートから出てきた。さあ、そのとき、君は何と言って出迎える？」

そこで目を開けたアルバイトの一人一人に、渡辺氏は出迎えの言葉について質問していく。アルバイトは、それぞれ思い入れを込めた答えをしていく。

「元気だった？」「飛行機の中、寒くなかった？」「疲れていない？」……

しかし、渡辺氏が彼らに期待しているのは文言の内容ではない。全員の回答を聞いた後、渡辺氏は一言、こう語った。

「そのときの心が、サービスの心なんだよ。」

この瞬間、私は鳥肌が立った。

オリエンテーションでは、このほか仲間意識を喚起するためのグループワークをはじめとしたコミュニケーション作りに時間が多く割かれるが、感動した体験を共有したことで、親睦の深まる速度は著しく速い。

4 フードサービス業は教育産業

イルフォルノには「イルフォルノの常識」と名づけられたミッションがあった。内容はこうだ。

① every body flat

すべてのお客様と従業員は、イルフォルノのネオンの下では楽しく食事をする権利と楽しく仕事をする権利を有している。何人たりともこれを阻害してはならない。

② anytime thinking

いつも、自分がお客様だったら「こんなことをしてもらったら感じがいいだろう」ということを考えながら仕事をしなさい。

③ anytime asking

自分が考えたことを勝手にやりなさんな。いつもお客様に尋ね、確認しながら仕事をしなさい。

④ il forno priority

スタッフが楽しくなくて、どうしてスタッフがthinkingやaskingができるだろうか。したがって、イルフォルノが大切にしている優先順位は、(1)スタッフ、(2)お客様、(3)売上げである。

⑤ we are the family

これらのことをわれわれは、家族としてイルフォルノで表現をする。家族は皆で助け合わなければならない。皆で肩を組んで、客席を取り囲もうではないか。

私は、イルフォルノの一連の取材を経験して、感動の日々を過ごした。店はミッションによって成り立っていること。そして、「お客様満足」以上に「従業員満足」を追求していくことの重要性を学んだ。お客様が店に求めることは、ハッピーになることだ。だから店は常にハッピーな文化を育んでいなければならない。

フードサービス業は教育産業なのである。

第5章 「おなかを満たす」から「心を満たす」へ

1996年
～すべてが異例づくしの
スターバックスコーヒーが急成長した理由～

1 マクドナルドよりも速い出店スピード

1996年8月、東京・銀座三丁目、百貨店の松屋の裏手に「スターバックスコーヒー」（以下、スタバ）の日本1号店がオープンした。オープンして間もなく、同店を訪ねた私の胸は高ぶっていた。店内は皆輝いて見えた。ここから日本のフードサービス業に新しい価値観が広がっていくということを確信していたからだ。

私にとって初めてのスタバ体験は、91年7月のことである。私は柴田書店で『月刊食堂』の編集長になったばかりで、初代編集長を務めたフードサービスコンサルタント・井上恵次氏から「千葉編集長就任のプレゼントだ」ということで、井上氏主催のポートランド研修旅行にお誘いいただいたことがきっかけである。

旅行期間中に私と同室だった人が、当時大きく隆盛していた外食企業経営者の子息で、アメリカへ長期間留学しており、同国のフードサービス事情にとても詳しい人だった。

研修のプログラムが空いて自由行動のときに、彼から「とてもおいしいコーヒーチェーンがあるので一緒に行こう。近い将来、日本に絶対にやってくるから。」と連れて行ってくれたのがスタバであった。ここで私は衝撃を覚えた。それは店内にタバコの匂いがしないこと、コーヒーの芳醇な香りが漂っていることであった。

95年に入って、スタバが日本に上陸することが噂されるようになり、日本のパートナーがサザビー（現・サザビーリーグ）であることも明らかになった（写真５―１）。しかしながら、スタバの日本上陸後の成功を危ぶむ声もあった。

その理由は、当時日本のコーヒーショップの世界は、ドトールコーヒーショップ（以下、ドトール）が約４００店舗展開していて（17年2月期１１２３店舗）、新たにこの市場に参入するのは難しいのではないかと考えられていたからだ。

しかしながら、スタバは1号店出店から5年間で３００店舗を突破した。しかも、すべて直営である（17年3月末１２６０店舗）。この出店スピー

写真５－１
東京・銀座の
「スターバックスコーヒー」１号店

ドは異例であった。それまでマクドナルドが急成長の常識であったが、同チェーンでさえ1号店から5年間で達成したのは１００店舗である（16年12月期２９１７店舗）。

2 日本の常識に対して　すべてが真逆

私は当時、編集部員であった『飲食店経営』の誌上でスタバの特集を組みたいと思い、幾度となくベンチマークした。スタバがその時代の喫茶店やコーヒーショップと明らかに異なっていたのは、「洗練されている」ということだった。女性スタッフは皆薄化粧で、表情にはいつも、そこはかとない笑顔があった。

私の「スタバの特集を組みたい」という願望は、ついにかなえられ、『飲食店経営』の99年5月号で当時スターバックスコーヒージャパンの社長、角田雄二氏にインタビューができることになった。

この頃の私は41歳の生意気盛りで、企業トップへの取材のときに私のことを覚えてもらおうと、キャッチーなコメントをいつも考えていた。

そこで、日本におけるスタバのキーワードを「非常識」に決めた。これに勝るキャッチーな文言はないだろうと確信していた。その理由は以下のとおりである。

① 店舗数の違い

先行するドトールが４００店舗で、スタバはそれに対抗しようとしている。

② 価格の違い

ドトールのコーヒー１杯の価格は１５０円。一方、スタバはショート（S）、トール（T）、グランデ（G）と聞き慣れない名前で3種類があり、S250円、T290円、G320円と、ドトールの約2倍の価格設定。

③提供スピード

ドトールでは、注文を受けるとくるりと後ろを向いてコーヒーを抽出し、再びくるりと回ってコーヒーを提供するという具合にクイックサービス。一方、スタバはコーヒーの注文を受けるところ、コーヒーを淹れるところ、コーヒーを提供するところとそれぞれ異なる。また、注文を一つ一つ丁寧に対応していて、注文したコーヒーが出てくるまでに2~3分はかかる。

④コーヒーの味わい

96年当時、ドトールは店舗展開を全国に拡大していくため、コーヒーの味わいをソフトにしていた。一方、スタバは基本がエスプレッソで濃く、苦い。

⑤店内喫煙？禁煙？

当時、喫茶店での喫煙は常識であった。それにもかかわらず、スタバは店内を禁煙にした。

以上、列挙したことからおわかりのとおり、スタバが行っていたことは当時のコーヒーショップの常識のすべて真逆であった。

このように異例づくしのスタバは、なぜ異例の速さで店舗展開できたのであろうか。以下は、コーヒー業界関係者の取材を重ねて得た私の見解である。

3　コーヒーで ライフスタイルを提案する

その理由として、まず、目に見えるポイントをあげると、メニュー構成が幅広い客層に対応していることである。たとえば、フォームド（泡立てた）ミルクを使ったラテやカプチーノ、フラペチーノなどによって、コーヒーをストレートで飲むのが苦手な人も利用しやすい店となった。「コーヒー牛乳」の類と言えば身も蓋もないが、カプチーノには伝統文化を背景にした大いなる価値観があった。また、テークアウト用に紙の容器を採用して、店の外の市場を獲得した。

　そして、スタバにおける最大の特徴は、目に見えないポイントにある。それは「アッパースケールへの誘い」である。これは、スタバに行くと、自分のライフスタイルで上のクラスに仲間入りした気分になる、という意味である。店内に芳醇なコーヒーの香りが染みわたり、スタッフの少しトーンが抑えられた声が交わされている空間は、店の外とは別世界である。

　スタバの前述した異例づくし、すなわち既存のチェーンに対して、「2倍の価格」「スローサービス」「濃くて苦いエスプレッソコーヒー」そして「店内禁煙」という要素の組み合わせが、アッパースケールへの誘いを演出している。

4　飲食本業でないところが 革新をもたらす

さらに、運営母体の事業内容にも注目する必要がある。

ここで、それまでの日本のフードサービス業の運営母体の動向を述べよう。

１９７０年代に日本のフードサービス業に大きな変革をもたらしたのは、当時の業界常識ではなく、それまでにない、まったく新しいアイデアであった。そして、これらの多くは異業種からの参入組によってもたらされた。

70年に1号店が誕生したケンタッキー・フライド・チキンは三菱商事のプロジェクト。同年に1号店をオープンしたすかいらーくは、ことぶき食品という食品小売業。日本マクドナルドは藤田商店という輸入商社。74年が1号店のデニーズはイトーヨーカ堂（現・セブン&アイホールディングス）。このように、飲食業のたたき上げではないところが、フードサービス業の近代化に着眼していたのである。

さて、スタバを展開するスターバックスコーヒージャパンは、95年10月にスターバックス・コーヒー・インターナショナルと日本のサザビー（現・サザビーリーグ）との合弁会社として設立された。そのころサザビーの主な事業は、生活雑貨の輸入販売であった。このように異業種であり、しかも、生活者のライフスタイルに訴求する企業がフードビジネス業界に参入してお客様に画期的な世界を示した。

70年代に立ち上がった日本のフードサービス業の多くは、チェーンストアが母体となったところである。チェーンストアの「日本の生活者の暮らしを豊かにする」というミッションがフードサービス業にスライドして「日本の生活者の豊かな外食をしたいという望みをかなえる」というミッションになったわけである。

「豊かな外食」の始まりは「おなかいっぱい食べられる」ということであった。そして、「ごちそうが、手の届く価格でいつでも食べられる」という形に変化していった。常に「満腹感」が外食の豊かさであった。

96年に登場したスタバが示した豊かな外食とは、「自分が素敵になった気分になれる」ということであった。つまり、「おなかを満たす」ではなく「心を満たす」ということである。

このように豊かな外食の意味が変化したのは、ひとえに日本の生活者が物理的に豊かになってきたからにほかならない。

ちなみに、スタバ上陸の翌97年は、日本の外食産業市場規模がピークを迎えた年で、その翌年から減少に転じた。その動向は、おなかいっぱいになる外食が飽和状態であることの現れではないだろうか。

第6章 チェーンレストランの王道

2000年
～サイゼリヤが挑み続けるお客様に喜ばれること～

1992年に始まった「ガスト現象」は95年には消え去り、ガストの業態にならった店の多くは以前の価格と商品構成に戻っていった。その一方でこのころから「とんかつ」「焼き肉」「ラーメン」といった専門店の出店事例が増えていった。立地はガストと同じ郊外ロードサイドである。

専門店の特徴はメニュー品目が少ないことである。だから、取り扱う食材も少ない。そこで、たとえばとんかつ専門店では「米は○○産の……」「豚肉はエサに○○を与えてゆったりと育てた……」「付け合わせのキャベツは○○産の……」という具合にこだわりをアピールした。

このように、フードサービス業が変化した背景とはどのようなものか。それを私に解説をしてくれたのは、当時脚光を浴びていたサイゼリヤの幹部であった。

「図書館には、大分類、中分類、小分類というカテゴリーがある。大分類を文学とすると、日本文学は中分類で、江戸文学が小分類。こうして、どんどん深く、専門的になっていく。それを外食に当てはめると、総合レストランは大分類で、和食レストランが中分類で、小分類はたとえばとんかつ専門店となる。大分類の総合レストランがたいへん人気だった時代は、レストランに入ってメニューを開いて何を食べるかを決めていたが、お客様の経験値が高くなるにつれて、外食に行こうと思ったときに、家や職場を出る段階で何を食べるかが決まっている。だから、とんかつを食べるのであれば和風レストランに行ってとんかつを食べるのではなく、とんかつ専門店の方がおいしいに決まっている、と思っている。」

この解説は、消費者が成熟してフードサービス業の潮流が専門店の時代へと移行しつつあることを、わかりやすく示してくれた。フードサービス業の新潮流とはサイゼリヤそのものであった。

サイゼリヤはこの専門店時代のリーダー的存在であった。その特徴はイタリア料理の専門店であるが、この料理ジャンルで食事をコーディネートできるということであった。創業者の正垣泰彦氏が73年に創業して以来、イタリアの食文化の素晴らしさを日本で広めてきた。同時に、価格を引き下げることに果敢に挑んできた。

1 人時生産性の高さを追求する会社

サイゼリヤのことは、私が柴田書店で『月刊食堂』編集部に配属されたばかりの１９８０年代後半、筆者の武川　淑《よしお》氏が「挑戦的な外食企業があるんだ……」と盛んにほめていた。

そのポイントは、サイゼリヤの経営は「人時生産性」の高さを追求していたことだ。人時生産性とは、従業員１人当たりが１時間にどれだけの利益を上げているのかを示す指標である。

算式は、人時生産性＝粗利益÷総労働時間。

武川氏は、講演や執筆活動のなかで、とくに自動車産業を筆頭とする製造業と比べるとフードサービス業の人時生産性が著しく低いということを訴えていた。それを、自動車産業並みにすることがフードサービス業の使命であるという。サイゼリヤはこのあるべき姿に向かってまい進しているという。

サイゼリヤの創業者、正垣泰彦氏の哲学については、ジャーナリストの山口芳生氏の『サイゼリヤ革命』に詳しくまとめられている（写真6―1）。山口氏は柴田書店の入社が私と同期で、『月刊食堂』編集部では2年間ほど一緒の時期があった。

われわれが入社したのは82年で、ファストフード（FF）、ファミリーレストラン（FR）が急成長を遂げていた。『月刊食堂』は「食堂業の産業化」がミッションということで、私たちはチェーンストア理論を説いていた渥美俊一氏が主宰するペガサスクラブの勉強会に参加する機会をいただき、

写真6－1
山口芳生氏の著書『サイゼリヤ革命』

チェーンレストランの在り方について学んだ。

　山口氏の『サイゼリヤ革命』の文章は、チェーンレストランの学びが存分に生かされていて、かつ正垣氏に対するリスペクトが満ちあふれている。

　この本では、正垣氏のメリハリあるコメントが散りばめられているが、象徴的なのは次のようなものだ。

――サイゼリヤが安さに取り組む理由はただひとつ、人に喜んでもらうためである。それも一部の人々ではなく、より多くの人たちに喜んでもらうためだ。価格を下げて、誰でも食べられる価格になれば、より多くの人に食べてもらえるし、頻度も上がって何度も喜んでもらうことができる。（一部略）僕らはいくら難題であっても、それが大事なことであれば逃げずに取り組む。誰もが避けているってことは、その難題に取り組むことが、そのまま差別化になるからね。――

2　継続する価格引き下げと大量の新規出店

『飲食店経営』２０００年9月号では「いま、そこにある業界大再編」と題した特集を組んだ。ここでは当時、売上高と経常利益が顕著に伸びた12の企業を事例として紹介している。

　その筆頭にあるのがサイゼリヤだ。

　ここからは、この特集で私が書いた記事を抜粋して紹介する。ここからサイゼリヤの取組みがいかに定量的であるかが伝わってくる。

――サイゼリヤの00年8月期予想は売上高１３０・７％、経常利益１５２・８％。96年8月期以来5期連続2ケタの増収増益を達成する模様で、しかも年々伸び率が大きくなってきている。

売上高の伸びは新規出店に他ならないが、利益面については97年10月に開業した埼玉・吉川のカミサリーのフル稼働が要因となっている。同カミサリーは敷地面積２９００坪で２フロア構成。３００店舗に対応。これをベースにフレッシュで高品質な食材の安定供給を実現し、随時価格の引き下げに努めてきた。

00年８月期で注目されたことは、99年11月25日に実施したメニュー改定でミラノ風ミートドリアを４８０円から２９０円に引き下げたこと。さらに96店舗と過去最高の新規出店を成し遂げた（99年８月末、総店舗数３４４店）。

ミラノ風ドリアはサイゼリヤの売上構成比ナンバーワンのメニュー。この価格をドラスティックに引き下げた理由について、同社専務取締役の堀田康紀氏はこう語っていた。

「一番売れているメニューをお客様にもっと食べやすいメニューにして差し上げよう、と。ではいくらがふさわしいか。３８０円、いや３００円を切ろうということで２９０円に決定した。実施後は、これまで１店当たり60食だった同メニューが１５０食に増えた。」

さらにビーフステーキ９８０円を８８０円にするなど、高額商品を引き下げて価格レンジを絞った。これによって客単価は８％減少し、８００円となった。

しかしながら、これらは当中間期で、既存店の業績が91・１％という急激なダウンをもたらした。この数字は価格引き下げを実施する以前のデータが加わっており、実質的には前年同期比88～89％で推移している。

この数字をそのままとらえると、既存店が著しく低迷していることになるが、同社ではこの理由として次の三つを指摘していた。

3　ドラスティックな価格引き下げで小商圏化に進む

まず、単品価格引き下げにより、売上高の絶対数が減少した。当初は価格引き下げによって客数も飛躍的に伸びると想定していたが、新規出店の立地が商業施設から路面店にシフトしてきており、ピークタイムのオーバーフローが他店に流れた。

次に、新規出店には開店景気があり、それが落ち着くと売上げの落差が生じる。大量出店によりこの傾向が顕著になった。

三つ目に、価格引き下げと同時に小商圏での展開を進めており（自社店舗の商圏分割）、相対的に１店当たりの売上高が減少してきている。

２０００年８月期は当初売上高で４１７億２７００万円、経常利益59億７９００万円、当期利益32億８７００万円を想定していたが、これらの既存店の伸び悩みにより売上高を下方修正した。

一方、経常利益、当期利益についてはともに上方修正。端的にいえば、全体店舗数に対して、新規出店の占める割合が多いために売上予測にぶれが生じたが、店舗段階は標準化が進み、マスメリット、バーチカル・マーチャンダイジングによって原価率が低減している。新規出店は今後加速する意向で、01年８月期には１３０店が計画されている。

大量出店により、標準化と効率化が推進され、店舗規模65坪１２０席で店舗投資額６０００万円となっている。

「関東エリアがまだ足りない。今千葉県に77店あり、1店当たり８万人となる。これに対し、埼玉県は29店で1店30万人、東京都35店、神奈川県27店で、それぞれ1店40万人で、千葉県の水準と照らすとまだまだ出店できる。さらに価格引き下げで1店当たり６万人の業態となっている。これを全国に拡大すると２０００店は可能だ」（堀田氏）

正社員の新卒採用も３４０人実施され、今後継続されていく模様。店長登用も入社３、４年程度でスピード登用されるようになり、そのうえスキルが高くなっている。

店舗段階では社員３人、パートタイマー６人（８時間換算）体制が定着し、月商平均１１００万円。人時売上高８０００円という高水準が維持されている――。

写真６－２
「サイゼリヤ」は2013年に国内1000店を突破

以上、実に定量的でロジカルな記事である。このような文章でまとめることができることが、チェーンレストランのあるべき姿といえるだろう。

外食産業市場規模は97年をピークに減少していくが、そのトレンドのなかでサイゼリヤがチェーンレストランのあるべき姿を守り通し、そして飛躍に向かってまい進している様子が見て取れる（写真6—2）。

第７章

自然派ビュッフェの登場

２０００年
〜「食べ放題」が、６次産業によって新しい市場を切り開く〜

「食べ放題」の始まりは、１９５８年８月に帝国ホテルが新館をオープンする際に開設した「インペリアルバイキング」とされている。おいしい料理を好きなだけ食べられるこの仕組みは、「おなかを満たす」という点では「究極の外食」といえるであろう。

しかしながら、この究極の外食はその後大きく変質することもあった。誤解をおそれずに述べると、アイデアをもたないところが自分の無策ぶりを露呈するような状態にもなった。

序章の図表1に示したように、外食産業市場は70年代、80年代と右肩上がりに成長していたが、97年にピークを迎えて、そこから低迷するようになった。そして、その産物のように二つの現象が現れた。

一つ目は、96年の「スターバックスコーヒー」（以下、スタバ）の日本上陸。これについては第5章で詳しく述べたが、ここより隆盛していくスタバは、「おなかを満たす」ことではなく「心を満たす」外食を知らしめた。

二つ目は「食べ放題ブーム」の到来である。多くの店が、客数対策として食べ放題を採用した。『飲食店経営』では97年3月号で「食べ放題白書」と題した特集を組んでいる。ここでは、ウニ、イクラ、中トロなどの寿司を食べ放題（４３００

円）にして大ヒットしている「雛寿司」をはじめ、数々の食べ放題の繁盛店をリポートしている。ここで取り上げた事例店のアイデアは独創的で秀逸であった。

しかし、この特集のリードでは（私が書いたものだが）シニカルなことを述べている。

「テレビや一般情報誌では、食べ放題は食の欲求を満たす究極のレストランのように紹介されている。実に楽しそうだ。しかしながら、街の多くの実態は不毛である。その理由の根本は、商品、サービスともに店の主張がないからだ。」

それこそ、猫も杓子も、という状況である。スタバの現象は、外食の「コト消費」を切り拓いたものであるが、食べ放題は「モノ消費」にしがみついていたといえるのではないか。

そのようななかで98年6月、熊本に異彩を放つ食べ放題がオープンした。「土に命と愛ありて―ティア」（以下、ティア）である。

1 自然回帰、家庭回帰のコンセプト

ティアは、野菜を中心とした家庭料理の食べ放題レストランである。店内には大テーブルが4カ所ほど置かれ、その上に料理を盛り込んだ大皿が並べられる。ご飯は白米だけでなく、玄米や十穀米なども選ぶことができて、ハヤシやカレーもある。さらに、デザート、ソフトドリンクなども選ぶことができる。

創業者は浜勝（リンガーハットグループ）で社長を務めた元岡健二氏である。元岡氏は外食企業勤務当時、産地を回っていたときに有機農業に取

り組んでいる農家が、それが取れ過ぎたときの販路や、曲がっているものなどの規格外の野菜の扱いに困っていることに直面した。そこで元岡氏は、これらを積極的に受け入れていこうと考えた。また、当時失われつつあった食べ物の「旬」も見直して、すべて旬の素材で、その季節に採れたものでさまざまな料理を提供しようと考えた。加えて、「3世代で食べられる、毎日繰り返して食べても飽きのこない食事」をコンセプトとした。

　店名には力強い思想が感じられるが、農薬や化学肥料を使う農法から、それを一切使わない方法に転換していく夫婦の物語である『土にいのちと愛ありて』（島　一春著）から引いたものだ。さらに、土の「T」、命の「I」、愛の「A」から「ティア」と名づけた。

　ティアのこのような自然回帰、家庭回帰のコンセプトは、外食事業というよりも「外食運動」のような形で全国に広がっていった。

　当時これらの考え方は著しく早く進展したが、同時期に日本で「スローフード」が知られるようになった。これは、1986年よりイタリアで始まった社会運動で、世界的に広がりを見せるファストフードに対して「その土地の伝統的な食文化や食材を見直そう」というものだ。後に、より広い概念の「スローライフ運動」の一部となっていく。

2　食材に囲まれた グラノ24Kの場合

　2000年に入ると、ティアの業態を模倣した店が続々と誕生した。これらの業態は「自然派ビュッフェ」と呼ばれるようになった。

代表的な例をあげると、まず、01年北九州市に1号店がオープンした「野の葡萄」。同店を運営するのは、グラノ24Kである。「グラノ24K」とはスペイン語で「種、実」という意味の「グラノ」と「純金」を意味する「24K」を合体したもので、ミッションが伝わる社名である（写真7―1）。

同社社長の小役丸秀一氏は福岡・岡垣町で旅館業を営む家に育ち、調理の修業をした後に、実家のブドウ園の中にバーベキューができる店をオープンした。その後、ブライダル部門、食品製造、農業法人を設けた。海も畑も間近にする食材の豊富な場所で、しかも、大商圏である福岡市と北九州の中間に位置する絶好の立地にあり、食に関わる事業を多角的に展開していく。

私は同社の旅館に宿泊したことがある。翌朝、

写真7－1
Farm to Table モデルで展開する
「野の葡萄」

敷地内で野良仕事に向かう作業着姿の青年と、ブライダル部門のスーツ姿の若い女性がお互いに「おはようございます」とあいさつをしている光景を目の当たりにして、大いに感銘を受けた。のちに「６次産業」という言葉が広がっていくが、同社はまさにその先端にあり、１次産業から３次産業までが１カ所に同居している。

野の葡萄の２号店は02年、福岡市内の繁華街・天神の商業施設「イムズ」に出店し、たちまちにして月商３０００万円の大ヒットを飛ばした。この店舗は当時のロイヤルが展開していた「シズラー」の後継で、当時、シズラー事業の責任者であった梅谷羊次氏が自身の著書でこのように振り返っていた。

「野の葡萄がシズラーの３倍の売上げを記録していることを知り、衝撃を受けた私は早速、岡垣町の『ぶどうの樹』を訪問した。訪問して知ったのは、売上げ差の最大の要因はチェーンレストランに足りないFarm to Table（農業から食卓へ）の考え方であるということだ。これこそが今で言う６次産業的なレストランモデルである。」

シズラーはサラダバーを打ち出した業態であり、それと似た業態の野の葡萄は、なぜそれほどの繁盛を維持することができたのであろうか。

私は、店が放つ「劇場性」だと思う。料理を盛り込んだ大皿は彩りがよく考えられていて、盛りだくさんの状態がお花畑のように美しい。さらに、出来上がった料理をスタッフが大テーブルまで運ぶのだが、大きくよく通る声で「○○○（料理名）が出来上がりました――！」と、食材や調理内容も含めて語りながら歩く。私はこのような店内にいて、しばし興奮していた。

3 伊賀の里モクモク手づくりファームの場合

次に、三重県の体験型農業公園の「伊賀の里モクモク手づくりファーム」の試みを紹介しよう。

同社は、三重県の経済連で同期の木村 修氏と吉田 修氏が地元の養豚農家を救済することを目的に設立したものだ。1987年にハム・ソーセージの製造販売で起業し、クラフトビールやパンなどの食品製造販売へと事業を多角化、さらに、食育活動も行い6次産業を推進している。その一環で飲食業も手掛けたがなかなかうまくいかず、この事業については諦めようとしていた。

木村氏と吉田氏の二人は、先のグラノ24Kの小役丸氏と勉強会を通じた仲間であった。二人は小役丸氏がティアのような業態を手掛けて成功していることを知り、その業態について研究するようになった。

そして、02年10月に三重・四日市市で確保した物件に、自然派ビュッフェの「農場レストランSaRaRa」をオープンした。ここがヒットして、同社は同業態の展開を推進していく。店名はチェーン店のイメージを避けるために同じものにせず、「モクモク」「時のぶどう」「風の葡萄」「風にふかれて」などの店名で展開、エリアを東海から関西へと拡大していった（写真7―2）。

私はこちらの創業者二人の書籍『新しい農業の風はモクモクからやってくる』を11年にプロデュースした。取材は10年の3月から行っていたのだが、お二人から「こっち（モクモクファーム）

の取材はゴールデンウィークに来てほしい。『とんとん祭り』を見てもらいたいから……」と言われた。

とんとん祭りとは、モクモクファーム内を散策しているミニブタたちのダービーを行うなど、モクモクファーム内がもっとも盛り上がるイベントである。

私はその指示どおり、10年のゴールデンウィークにモクモクファームを訪ねた。とんとん祭りを終えたこの日の夕方、イベントを運営していた従業員やその子どもたちが本部の会議室に集まり、異様に盛り上がっていた。私は、別室で取材をしていたのだが、過去に経験したことのない、にぎやかで楽しそうな理由について、取材相手の従業員に尋ねた。

それによると、モクモクファームの従業員は

写真7－2
伊賀の里モクモク手づくりファーム内のビュッフェレストラン

２５０人であるが、そのうち社内結婚が42組存在するという（11年当時）。だから、従業員が家族同士で交流する機会が多く、子どもたちはお互いが兄弟や親戚のような感覚なのだという。

「食べ放題」と「社内結婚」は関係のない話であろうが、私は６次産業でともに働くマインドが従業員同士の信頼感を深めているのではないかと感じた。そのような「深さ」が「食べ放題」の業態を強くしているのではないだろうか。

第8章 グローバルダイニングと際コーポレーション

２０００年
〜業界構造をより豊かなものにした「多様性」の表現〜

私が『月刊食堂』編集部に在籍したのは、１９８７年4月から93年9月までであった。『月刊食堂』は「食堂業の産業化」ということが編集方針であり、バックボーンは渥美俊一氏が率いる「チェーンストア理論」であった。編集部員は毎月行われる渥美俊一氏へのインタビューに集結し、渥美氏が語る原理原則からチェーン化企業の動向の解説に聞き入った。

このときの会話は、定量的に表現することが絶対的な条件であった。感覚的な受け止め方は個人の頭のなかでは許されていても、数字で表現できないことを話題にしてはいけなかった。

私の『月刊食堂』時代は、バブル経済の始まりと終焉までの時期と重なっている。自分の仕事のミッションはチェーンレストランであっても、バブル時代にフードサービス業全般を見渡すとチェーンレストランでは表現できない業態が人気を博していた。

それは、客単価がポピュラーなものではなくそれよりアッパーで、非日常的な要素のある店。アルコールがコーディネートされ、客単価は３０００〜４０００円。バブルの環境がそのような客単価を容認したのかもしれないが、私はフードサービス業のお客様が「標準化」よりも「多様化」を求めるようになったからだと認識している。「チェーンレストランもいいけれど、もっとワクワクする店がいい」という感覚である。

　このようなお客様のニーズの変化をつかみ取り、外食企業として成長したところが続々と現れるようになった。

　それらを象徴する外食企業として、グローバルダイニングと際コーポレーションについて触れておきたい。

1　システムから　ヒューマンの時代へ

　外食企業の創業者の書籍はたくさんあるが、なかでもグローバルダイニング代表取締役社長、長谷川耕造氏の著作『タフ&クール』は名著である。発行されたのは２０００年12月であるが、このタイミングが絶妙であった。

　同社の創業は、１９７３年12月にオープンした東京・高田馬場の「北欧館」という喫茶店である。76年2月、六本木に2店目の「六本木ゼスト」をオープンしてから、いわゆる「遊び場」として人が集まるエリアで展開していく。そして「モンスーンカフェ」「ゼストキャンティーナ」「カフェラ・ボエム」のブランドを続々と出店していった。

　00年に入ってから、お台場の「アクアシティお台場」、東京ディズニーリゾートの「イクスピアリ」という具合に、フードサービスを複合することによって新しい魅力を発信する新コンセプトの商業施設に続々と出店した。

　商業が激動しているなかでのフードサービス業を象徴する存在が、グローバルダイニングであった。だから『タフ&クール』は、当時「グローバルダイニングとは何ものか?」を知る上でこの上ない資料となった。

私は、日ごろフードサービス業界の記者としてたくさんの外食企業OBから情報提供をしていただいているが、当時ある変化を感じ取っていた。90年代までは、すかいらーく、ロイヤル、マクドナルドといった80年代に大きく成長したチェーンレストラン出身の人々がほとんどであったが、00年を過ぎてから、グローバルダイニングOBという人々が目立って増えてきた。彼らの得意とするところは、主に接客サービスのスキルアップであった。

この動向を振り返って、フードサービス業は00年あたりを境にシステムからヒューマン(人間力)に大きくシフトチェンジしたのではないかと思っている。私は、グローバルダイニングには「人間力」を培う動機づけと教育的環境が高度に備わっているのではないかと考えていた。

2 飲食業の常識に「あり得ない」数々

私のグローバルダイニングの原体験は１９８９年の暮れ、『月刊食堂』編集部時代に、世田谷区の三宿にオープンしたばかりの「ゼスト」を訪ねたことだ。店内中央にある巨大な鳥のオブジェに圧倒されていたが、もっとも驚いたことは、店内に置いてあった「店長候補募集」のチラシに「店長給与60万円」とあったことだ。「この給料はあり得ない」と思った。

しかしながら、同店はテックスメックスという斬新な料理ジャンルで、スタッフの目の輝きや行動にお客様をおもてなしするプロとしての誇りが感じられた。お客様は既存の飲食店にはいない洗練された雰囲気の人ばかりで、大繁盛を呈していた。「あり得ないほどの高い待遇が、あり得ないほどの能力を引き出し、あり得ないほどのダイニング空間を創造する」ということを感じていた。

97年の夏、すでに「サービス力が秀逸な店」として定評のあった代官山の「タブローズ」に初めて入ったときの経験も強烈であった。

レセプションカウンターの女性に、私が「予約をしている千葉です」と告げた瞬間、その女性が「千葉様ですね！」「千葉様がご来店です！」と周りに告げて、「いらっしゃいませ千葉様！」「ようこそ千葉様！」と、満面の笑顔のスタッフによるグリーティングのゲートのなかを歩くことになった。たちまち気分が高揚した。

着席すると、長身の白人で男性フロアスタッフが私の膝にナプキンをかけてくれた。その後、清潔感が漂う20代半ばの女性フロアスタッフが、スパークリングワインのおすすめをした。

食事を終えて帰るときに、キッチンの前を通ることになった。そのとき、フロアスタッフがキッチンのなかに「シェフ！千葉様がお帰りです」と声をかけた。すると、キッチンで仕事中のシェフがフライパンを持ちながら素早く私に近づいてきて、満面の笑顔で挨拶をしてくれた。店に入る瞬間から店を後にするまでの一つ一つに「タブローズ」という幸せの空間を記憶に刻ませるパフォーマンスがあった（写真8―1）。

これらは上から指示をされた行動ではない。今、目の前のお客様にとって、どのような行動をとることがもっとも適切であるかということを瞬時に考えて、それがチームとなって表現されている。

3　会社の基軸と「らしさ」が伝わる

『飲食店経営』２０００年7月号で、長谷川氏のインタビューを掲載している。このなかの「グローバル流人材論」を紹介しよう。

「キャリアパスとしては、店長の上にはプロフィットセンター、いわゆる事業部、営業部ですが、そこのリーダーについては毎年信任投票を行っています。ですから、ゆっくりと安心して座っていられるポジションはうちには一つもないのです。」

「新人はまず店舗に配属されますが、自分が勤

写真８－１
東京・代官山の「ダブローズ」は
「サービス力」を象徴する店

める店は自分で選ばせます。それから店長と面談して、店長が欲しい人間ならその店に入れる。だから、優秀であればあるほど優秀な人間が集まってくるのです。」

１９９０年代の後半ごろから、グローバルダイニングを卒業してフードサービス業で起業する人が増えていった。彼らが同社に勤務することになったきっかけや、同社で体験したことを、このように振り返る人が多い。

「アルバイトに応募したのは、接客する人がみな輝いていたから。そして、長谷川社長はものすごくカッコよかった。新しくつくる店は想像できないほどのつくり込みがなされていた。店の中には成果主義が徹底されていて、給与に関しては明快な評価システムがあり、頑張っている人の中には20代半ばで年収２０００万円を超えている人もいた。」

このような環境のなかで、それぞれが自分で実現したいフードサービス業の世界観が培われていくのであろう。

同社を卒業した経営者たちは「元グローバル」という言い方をされる。この言葉が示唆することは、「グローバルダイニングらしさ」である。

その「らしさ」とは、「フードサービス業にこの上ない愛着を持ち厳しくのぞむ姿勢がある」「お客様の感動を高める表現力を追求している」というものだ。このような存在がフードサービス業の世界を豊かなものにし、ビジネスとしての新しい可能性をもたらしている。

４　「紅雲餃子坊」32坪で月商３８００万円！

私が際コーポレーションの店を初めて体験したのは、１９９６年９月にヨコハマスカイビルにオープンした「紅雲餃子坊」であった。正しくは「際コーポレーションプロデュース」ということだが、その繁盛ぶりは比類ないものであった。ビル10階の飲食フロアに32坪60席の規模、『飲食店経営』97年３月号によると、客単価１２００円で１日客数は６００～６５０人、ピーク時は月商３８００万円を売り上げていた。11時オープンと同時にお客様が詰めかけ、そこから23時の閉店近くまでに店の外にウエーティングが続いていた。客層は70％が女性客であった。

同店は、「中国地方料理」の店で、北京、上海、広東、四川といったいわゆる四大料理とは対極にある無骨な感じのもので構成されていた。最大の売れ筋は20品目そろえた餃子である。これをお客様の90％が注文した。

店舗のデザインも画期的であった。店内外を重めの赤で塗り固め、そこに雲間を飛ぶ龍や竹林を駆ける虎の絵が描かれていた。美術大学の学園祭に出店した模擬店の雰囲気であった（写真８—２）。

店のスタッフもダイナミックであった。「大支配人」と名づけられた店長とアルバイト以外は、すべて中国人（13人）。横浜にやって来たはずなのに、中国のどこかの地方都市にワープしたような感覚があった。これこそ「非日常性」というものだ。「紅雲餃子坊」は、それまでの飲食店の常識を打ち破り、外食ファンを覚醒させ、快哉《かいさい》を叫ぶ飲食店であった。

同店の独創的な商品や空間、そして繁盛ぶりは多くの事業家に注目され、以降「紅虎餃子坊」という店名になり、FC展開も進めていくことになる。当然、この業態をまねた店が続々と誕生し、売れ筋の「鉄鍋餃子」はすかいらーくのガストでもメニュー化された（写真8―3）。

私が際コーポレーションの社長である中島 武氏に初めて会ったのは、97年の10月。その年の8月広尾にオープンした「胡同四合坊」（フゥトンスウホゥウファン）のなかで中島氏に『飲食店経営』の表紙に登場していただくために同店を訪ねた。

同店は、東京・広尾にあった4軒の空き家を活用し、かつての中国で見られた民家が寄せ集まった雰囲気を、同社が得意とする中国地方料理の店

写真8－2
際コーポレーションの中華料理店の一つ
「韮菜万頭」

づくりで表現したものだ。ここでのメインの料理は「北京ダック」であった。中島氏は当時、高級料理の北京ダックを大衆的なものにしたいと考えていた。店内には中国人スタッフの甲高い声がライブ感をかき立て、フロアスタッフには黒人や白人もいた。ニューヨークに誕生した先端的な中国料理店という空気感があった。

5　メジャーに対してインディーズの外食

中島氏は１９４８年生まれ、福岡県田川市出身。拓殖大学で応援団長を務め、３００人の団員を統率したという。大学を卒業後、大手企業に入社するも１カ月で退社。いろいろと経験を積んだのちに、社員９００人を擁する金融会社の取締役とな

写真８－３
大ヒット商品「鉄鍋餃子」は
ファミレスにも登場

り、1000億円を動かしたという。プロフィールそのものがドラマである。

中島氏の風貌は近寄り難いものがあったが、インタビューへの対応も、それまで私が経験してきたフードサービス業の経営者とは異なる思考回路に基づいていた。このときの中島氏の発想のベースは「トレンド」であった。中島氏は金融業界から離れて起業してから、外車のディーラーや輸入品の衣料や雑貨の販売を手掛けてきていて、折々のトレンドを的確につかんできた。このような経験によってお客様の購買意欲を刺激して、販売に結びつけてきたのであろう。そのようなセンスが新規に挑んだフードサービス業に発揮されたということだ。

当時、中島氏の取材を担当していただいたライター氏は私の柴田書店時代の先輩で、中国料理に造詣が深く、中島氏のブレーンともなっていた。

私はこのとき柴田書店『月刊食堂』の編集長から、商業界『飲食店経営』の編集部員に転じて5年が経ったころであった。しかしながら、インタビューで中島氏の談話で出てくるファッションの世界、トレンドの先端にあるとされたレストランの話題に私はついていくことができなかった。中島氏は一通り話した後、私にこういった。

「千葉さんは飲食業界のことを何にも知らないんだね。」

私は、この発言に困惑して、一瞬気落ちした。そのとき、先輩がこうフォローしてくれた。

「千葉さんは、チェーンレストランの取材を中心にしてきた人だから……。」

私は先輩のこの言葉に救われたと同時に、フードサービス業の世界はチェーンレストランだけがあるべき姿ではなく、トレンドを追求して表現する世界も存在するのだということに気づいた。

そして、「インディーズ」という言葉がひらめいた。インディーズとは、「メジャー（大手）に属さない、独立性の高い状態を示す」ものである。

中島氏の歯に衣着せぬものの言い方と発想がとても刺激的で、私はすっかり中島氏のファンとなった。このような想いを抱いた人は私だけではないだろう。

私は『飲食店経営』の企画で行き詰まったときに、中島氏へのロングインタビューを掲載した。実際に中島氏は絶えず新しい試みを行っていた。タイトルはいつも「中島武が今考えていること」であった。

今日、際コーポレーションはグループで４００店舗を展開し、さらに、再生・プロデュース業やホテル業などへと事業を拡大している。その同社には、今でもメジャーではなくインディーズのエッセンスが息づいている。

第9章

「感性」の経営者と街を創る人々

2000年

〜独創的な表現力が、人を巻き込み、街を変えていく〜

『商店建築』という老舗の雑誌がある。誌面で扱う内容は、新作店舗や建築物を、写真や平面図、詳細なデータで解説するというもの。おそらく写真は4×5か、8×10の大判カメラによるものである。上質の紙を使用して、毎号が「保存版」である。設計士の仕事場に行くと、たいていこの雑誌のバックナンバーがずらりと揃っている。

1999年3月に『商店建築』を発行する商店建築社から『アイ ラブ レストラン』という本が発行された。サブタイトルは「新時代のレストランオーナーたち」。ここには「亜流を本流に変えた男」岡田賢一郎氏（ちゃんとフードサービス）、「食ワールドの風雲児」月川蘇豊氏（ソーホーズ）、「飲食業界のアスリート」長谷川耕造氏（グローバルダイニング）、「フランス料理文化の担い手」平松宏之氏（ひらまつ）という外食の経営者の半生がつづられていた。ハードの世界をロジカルにまとめる出版社が、ソフトの世界を掘り下げる本を出版するという発想力の広さを感じた。

1 産業ではない「表現」としての飲食店

この人選の基準は、おそらく担当編集者の感性ではないか。これが「売上高、経常利益率の過去

5年間の推移……」といった定量的視点であった場合、このような構成にはならない。だから、外食経営専門誌の編集者である私にとって、この本はとても斬新で、憧れる存在であった。

当時、この4人が率いる飲食店は、商売としての飲食店ではなく「表現」としての飲食店であった。いずれも大繁盛店で、そこを訪ねるお客様は「自分が解放される場所」という居心地の良さを感じ取っていた。私の『アイ ラブ レストラン』への当時の憧れとは、「レストラン経営者の在り方をファッションリーダーのように伝えている」ということに起因する。要するに、この本はレストランの経営者を「スター」にした。

当然、この本の編集者はどんな人なのかと興味が沸き上がる。すぐに、あるレストランのレセプションでご本人を紹介していただく機会を得た。私より少し年下の女性でオーラがあり、仕事への自信がみなぎっていた。そのときにレセプションの片隅で編集会議を行っていて、激しく議論をしていた。

『アイ ラブ レストラン』の第2弾は2000年11月に発行された。ここで紹介されている飲食店の経営者は、「偉大なる夢追い人」中島 武氏（際コーポレーション）、「サクセスストーリーの影武者」中村悌二氏（フェア グランド）、「クリエーティブ魂を持つ男」稲本健一氏（ゼットン）、「真義に仁義を切った男」川西正光氏（ヌーベル・ブラッセリー）、「光をつかんだアウトロー」貞廣一鑑氏（ア・ルーム・ウィズ・ア・ビュー）であった。この人選についての私の印象は、編集者の「レストラン愛」の発露というものであった。

『アイ ラブ レストラン』は第3弾まで発行さ

れたが、一貫しているのは、飲食店の経営者を「表現者」として紹介していることだ。いずれにせよ、彼らの人間性が飲食店の空気感に現れ、そのものが大好きなお客様が顧客となっていた。このような現象が、飲食業を志す若者たちの新しい目標となった。

2　人間性が現れる「店づくりは街づくり」

私も『アイ ラブ レストラン』で紹介された経営者と交流があったが、なかでも稲本健一氏の存在感は格別である。

稲本氏はフードサービス業に参入する前にグラフィックデザイナーをしており、バーの空間が大好きで、デザイナーの仕事を終えた後にバーテンダーをしていたという。イベント好きで１９９３年に手掛けたビアガーデンが大成功を収め、これをきっかけに「場づくり」に目覚めた。

95年11月に名古屋市の歓楽街から離れた繊維関係の倉庫街に「ゼットン」をオープン、そして97年「オデオン」のオープンと続くが、彼が出店する立地は既存の飲食店経営の常識にはないもので、意表をついた。しかしながら、稲本氏の店がオープンすると、人々はそこに集まるようになり、その一帯にはレストラン街が形成されていった。

稲本氏が率いるゼットンが新しいステージを迎えたのは、名古屋市が都市公園として管理する「徳川園」の中心施設「ガーデンレストラン徳川園」の運営を２００４年にコンペで勝ち取ったことだ。この施設は05年3月より始まる「愛・地球博」の迎賓館で、本来であれば地元で伝統のあるシティホテルが運営をするということが常であろう。それを経営陣が30代という若いメンバーの外食企業に委ねることになったのは、彼らに主宰者を納得させる緻密な計画とパワーが存在したということだ（写真9―1）。

その後、05年に「アロハ・テーブル」というハワイアンコンセプトのレストランをオープンした。この路線は多店化して一つの事業体となっていく。また、美術館などの公共施設に出店し、さらにビアガーデンを開発するなどのチャレンジングな展開を行っていく。ただし、「ゼットンの店とはこんな店」という具合に一言では表現できない。文字ではわかりづらいが、「ゼットンが放つゼットンの空気感」がある。

ゼットンのホームページは「当社では『店づくりは街づくり』という基本理念のもと……」で始

写真9－1
ゼットンは「徳川園」など
公共施設の飲食店運営にも注力

まるが、それは最初から意図していたことではなく、イベント好きの稲本氏が周りの人々を巻き込んで作り上げた店が、オープンしてからさらに多くの人々を引き寄せていくのであろう。

稲本氏は、パーティーであいさつを任されることが多い。これが「場」の空気を見事に読み取り強烈に面白い。このような人の心をつかみ共感させる稲本氏の人間性がゼットンの店に浸透しているのであろう。

3 カフェで醸成される「コミュニティー」は力となる

『アイ ラブ レストラン』の本とは関係がないが、店の特徴を経営者の個性に則して語りたくなるのは、カフェ・カンパニー社長の楠本修二郎氏である。

楠本氏がフードサービス業に参入したのは１９９９年、東京・渋谷と原宿をつなぐキャットストリートに「ワイアード・カフェ」という店をオープンしたことに始まる。２００１年６月にカフェ・カンパニーの前身となる会社を立ち上げて以来、さまざまな「カフェ」を展開していく（写真９―２）。

楠本氏が店の存在意義を語る哲学的な表現は斬新で、いろいろな媒体で紹介されていった。

「コミュニティーがカフェを作り出して、それが街のコンテンツになる」

このような文言が楠本氏の考え方を象徴するが、十数年前の私にはその意味が理解できなかった。

00年6月に「飲食スタイルマガジン」を冠とし

写真9－2
カフェ・カンパニーの
「ワイアードカフェ」

た『アリガット』が創刊された。その雑誌は当時とても画期的な誌面構成で、私の知らないフードサービス業の世界を掘り下げていた。それらはチェーンレストランではなく、伝統的な寿司、そばの専門店でもなく、すべからくサブカルチャー的な視点でまとめていた。

　この雑誌が存在感を発揮したのは、初期に継続して行っていた「カフェ」特集であった。紹介されるポイントは、古民家を活用したレストラン空間や、マニアックな什器・備品であった。

「カフェ」とは何か。

　私は04年から『飲食店経営』主催のニューヨークツアーを3年続けて催行していて、このとき、NY在住のレストラン・ジャーナリストにその質問を投げかけてみた。すると、彼女はこう答えてくれた。

「カフェとは、コースメニューのないお店のこと。お客様が店のメニュー構成や使い勝手を熟知していて、自分のオケージョンに合わせて、食事の内容を組み立てることができる場所。」

確かに、「カフェ」を定量的に語ればそうなるだろう。

楠本氏の世界観は15年11月に発行された『ラブ、ピース&カンパニー〜これからの仕事50の視点』のなかに凝集されている。

「カフェに集まる知識人たちがパリ・コミューンを結成し、フランス革命が起きたように。ボストン茶会事件が引き金でアメリカ独立戦争が始まったように……」

これは、この本の一節である。カフェで培われるコミュニティーは、次に大きく、ハッピーな世界をつかみ取るために動き出す、エネルギーを醸成する世界ということだ。私は「時代がようやく楠本氏に追いついてきた」という感慨を抱いている。

4 「ないものを創り あるものを活かす」

私は２０１３年の暮れ、リサーチのために東京・町田を10年ぶりに歩き回った。町田はすっかりカフェの町になっていた。町田がそのように変貌した背景には、キープウィルダイニングの存在がある。同社は神奈川県央地区で飲食店を展開してきたが、東京・町田とそこに近接する神奈川・相模原を称する「マチサガ」を、豊かで文化的な住みやすい地域の代名詞にしたいという志をもって町田に同社の拠点を移し、カフェを展開するようになった。

同社は社長・保志真人氏、副社長・保志智洋氏という兄弟がリーダーシップを発揮している。「マチサガ」を唱えるようになってから、ゼットンやカフェ・カンパニーに似たような企業文化が醸成されてきている。

同社のミッションは「ないものを創り、あるものを活かす」というものだ。同社が実際にカフェによって町の空気を変えているという事実は、お客様からも地元の人々からもリスペクトされ、「仲間となって一緒に働きたい」という感情をわき起こすのではないだろうか。

第10章

FFが一斉に低価格化

２０００年
〜デフレ経済で勝つために
低価格で戦うスパイラル〜

私は『飲食店経営』の編集長当時に「今月の視点」というタイトルのコラムを連載していた。この内容は当月の取材・編集活動を総括するものである。そして、２００１年9月号のコラムに「２００１年7月26日」というタイトルをつけて書いた。

その日は、吉野家が「並盛２８０円」を定価にした日であり（西日本地区での価格。東日本地区は8月1日より）、日本マクドナルドがジャスダック市場に上場した日でもあるからだ。日本マクドナルドでは、その日からちょうど30年前の１９７１年7月に銀座に1号店をオープンしている。

私はこの二つの企業に格別の思いを抱いていた。それは、その日に達成したことは外食産業が追求してきたことの「理想像」ではないかと感じたからである。

1 97年をピークに市場がシュリンク

２０００年当時、外食企業の多くは低価格化に傾斜していた。外食産業の市場動向を見ると、１９９７年がピークとなり、それ以降ほとんどの既存店は客数、売上げともに下がっていた。それを克服するものと考えられた手法が「価格を下げて、たくさんの人に買ってもらう」ということであった。

そもそも、外食の低価格化はすかいらーくが92年から推進した「ガスト現象」にさかのぼることができるが、やがて、売上げも利益も減少したことで、その路線を変更せざるを得なくなった。

そのような反省がありながら、99年以降から再び、多くのチェーン化レストランが低価格を打ち出すようになっていった。

まず、マクドナルドが00年2月14日から平日半額セール「ウィークデー・スマイル」をスタート。通常１３０円のハンバーガーが65円、１６０円のチーズバーガー80円となった。これによって、それまでマクドナルドではほとんど見ることがなかった中高年男性客をランチタイムに見かけるようになった。このセールについては事前にＣＭ等の告知を行っていなかったが、ハンバーガーの販売個数はいきなり3倍となり、この年のゴールデンウィーク前後には8倍にも達した。前年同日の販売個数が25万食であるから、１日で２００万食を売ったことになる（写真10―１）。

マクドナルドでは、これに向けて99年1月からキャンペーンプログラムを緻密に展開してきた。まず、ブレンドコーヒー半額、コーンポタージュ半額（各90円）からスタート。ハンバーガー、サイドメニューを含めて低価格のキャンペーンを、ジャブを入れるような形で継続して行った。

ウィークデー・スマイルはその後「エブリデー・スマイル」というキャンペーンとなり、ハンバーガーを一律80円に設定。さらに、02年8月には59円に引き下げた。

この頃、『飲食店経営』の編集部に女子学生が

写真 10 － 1
「マクドナルド」は 2000 年代前半の
低価格戦略の戦陣を切った

アルバイトに来ていて、私にこんなことを言った。

「よく仲間と一緒に、マクドナルドで〝百個買い〟をしますよ。注文して30分くらいたつとハンバーガーが１００個出来上がってきて、それをテーブルの上に積み上げて、皆で記念写真を撮るんですよ～。」

私が、「食べ物で遊んじゃ駄目だよ」と諭すと、彼女は「いいじゃないですか、後でみんなで分けて、冷凍庫に入れておいて、食べるときにチンするんですから……」という。

ハンバーガー１００個で５９００円。５人で買うとして、１人１１８０円で20個である。彼女の理屈は正しくもある。私は彼女に反論しなかった。

２　今やらないと競合他社にやられてしまう

ほかのチェーン化レストランの動向を時系列で紹介しよう。

第６章でも述べたが、サイゼリヤでは、1999年11月のメニュー改定で、従来４８０円だった「ミラノ風ドリア」の価格を２９０円に引き下げた。実に４割もの下げ幅である。

松屋では「牛めし」並盛の価格を２０００年９月27日より全店一斉に４００円から２９０円に引き下げた。『飲食店経営』01年１月号で、同社の瓦葺《かわらぶき》利夫社長はこのように語っている。

「２ケタ台で価格を下げる程度ではお客様は反応しないだろう。これまで４００円で出していた商品を、３００円を切る価格で出すからこそインパクトがある。」

リンガーハットでは「長崎ちゃんぽん」４８０円（首都圏５００円）を00年６月より３８０円にした。同社では00年２月１日付で東証１部に上場したのだが、感謝の気持ちを込めてということで社内で議論をして、「価格で還元しよう」ということになり、創業時の価格２５０円で販売した。２月８日～10日の３日間のキャンペーンであったが、客数は通常の２・５倍となった。ここから各所で低価格の実験を行い、６月１日全店で一斉に実施した。この６月の実績は、既存店の月商が対前年比１０６％、客数１２１％となった。

『飲食店経営』00年11月号では、同社社長の米濵和英氏にインタビューをしているが、このときの米濵氏は、当時の低価格化に傾斜する背景をこう述べている。

「今、日本全体の価格体系は大きな変革期に来ています。バブルが崩壊して、建築資材や衣料品、航空運賃などに象徴されるようにすべてのものが低価格化の流れのなかにあります。そうした流れのなかにあって、お客様は従前の外食の価格に大いに不満を感じていたと思うのです。マクドナルドさんの成功を見れば明らかですよね。外食のトップならそのことはとっくに気づいているはずなんです。気づいているが価格を下げるというのは、怖さが先に立ってなかなか手が付けられない。でも、今、手を付けなければ絶対競合他社がやりますよ。そうなってからでは遅いということです。」

　同じ商品の価値を下げられることが「企業価値」のように考えられていた。

3　デフレ経済で勝ち抜くための「安売り」

吉野家では、２００１年４月４日〜10日並盛２５０円セールを行った。期間中に途中食材がショートするほどの人気を博したが、以来、パタリと低価格化の動向は見えなくなる。現実に「牛丼３００円」というのぼりを掲げた吉野家が随所に見られたが、「それは通常のプロモーションの位置づけ」ということであった。

　そして、７月５日、吉野家ではさまざまな媒体の記者を招いて記者会見を開き「並盛２８０円」への値下げ宣言を行った。吉野家ディー・アンド・シー社長の安部修仁氏としては、吉野家が低価格に踏み切ることによってフードサービス業界に与えるインパクトが甚大となることから、慎重にのぞんでいたのであろう。

記者会見で安部氏は、「値下げのプロジェクトチームが『２９０円』という安全策を言い出したが、それに待ったをかけた。従来の延長戦上では意識改革が図れない」と述べていた。このように吉野家では同社における求心力を確認して、２８０円という背水の陣で戦っていこうとしたのである。

日本マクドナルドはどうか。まず、ジャスダックへの上場は、以下のような記録的な数字となった。

「公募株数１２００万株、売出株数１４２０万株、50円額面普通株式、募集売出価格４３００円に対し初値４７００円。時価総額６２４９億円となり、ジャスダック市場の７％を占める規模となった。個人が同社株を取得しやすくなることを狙いに、１００株単位で売り出し、新たに13万９０２６人の株主が誕生した。資本組入額１５３億円で組入れ後の資本金総額は２４１億１３８７万円、日本マクドナルドの手取り金は４９０億２５７５万円となった。」（『飲食店経営』01年9月号）

藤田 田社長は記者会見で「本日をもって、これまで低迷していた株式市場が変わる」と豪語した（写真10―2）。

同社が展開している低価格路線の理由について、こう述べた。

「95年から、これからの日本はデフレ経済に入っていくのではないかと考えていた。それは少子高齢化となって、人口が増えない、消費が伸びない、したがってデフレ経済になる。デフレ経済で勝利

写真10－2
日本マクドナルド創業者の
藤田 田氏（『飲食店経営』2001年9月号より）

を得るためには、モノを安く売らないといけない。そこでいち早く安く売ってきた。」

この記者会見では、これまで日本マクドナルドが信条としてきた「社員優遇」から「株主優遇」に切り替えることを強調していた。マーケットがシュリンクするなかでの対策を、低価格に加えてリピーターに求めていくということだ。

4 数値の適性を欠くと職場が荒れる

しかしながら、２００１年９月10日に日本で、03年12月24日（日本時間）にアメリカで狂牛病が発生する。このことは第12章で詳しく述べるが、その後、国や業界団体が「安全・安心」という考え方を普及させた。チェーン化企業も価格の訴求ではなく、産地の由来をアピールするようになった。

当時、低価格競争に追随することなく、ホスピタリティ第一主義を唱えた経営を実践していたあるファミリーレストランの社長は、このようなことを言っていた。

「低価格にした店で食事をしているお客様は、みな楽しそうな表情をしていない。」

では、低価格にしないことがフードサービス業のあるべき姿なのかというと、そういう議論ではない。

フードサービス業は、経営数値を適正なものにすることで成立する。それが、価格を大幅に引き下げることによって、本来の適正さを欠いてしまう。適正さを維持することが、スマイルのあるべき姿を生むのではないだろうか。

第11章 ベンチャー・リンク大盛況と倒産

２０００年
～ＦＣの急成長を支えたアウトソーシングと制御不能になるまで～

ベンチャー・リンク（以下、ＶＬ）という企業のことを述べよう。

ＶＬがＦＣビジネスの世界を台風のような力で動かしていた時代があった。それは、１９９０年代の後半から２００５年ごろまでのわずか10年間のことであった。この間に多くの事業者に事業拡大の夢を見て、同社は12年になくなった。

ここでまず、同社がどのような意図をもって事業に取り組み、ＦＣビジネスの表舞台に登場するようになったのかをまとめておこう。

ちなみに、『飲食店経営』99年12月号でＶＬの特集を組んだ。タイトルは「アウトソーシングが切り開く飲食業のビッグビジネス～ベンチャー・リンクの仕事と支援先企業急成長の秘訣」である。

ＶＬが表舞台に出てきたのは、95年の暮れのことである。きっかけは、岡山市に本拠を置くベーカリーレストランチェーン「サンマルク」を経営するサンマルクが株式を公開したこと（95年12月）。会社が設立されてからわずか6年のことであった。サンマルクは店頭でベーカリーの出来たてをアピールし、店内ではフランス料理を提供する客単価２３００円のレストランである。

これらの報道では、必ず「株式公開を支えた会社が存在した」とあった。なぜか社名を明らかにしていない。そして、皆その会社のことを調べることになり、それが「ＶＬ」であることが知られ、ベンチャー企業を成功に導く英雄のように語られていった。

1 アイデアをもつ人と事業を探している人をつなぐ

ＶＬの母体は、京都に本拠を置いていた中小企業経営に特化したコンサルティング会社の日本エル・シー・エー。同社の創業家である小林忠嗣氏が独自のアイデアを元に、東京で設立したのがＶＬであった（１９８６年３月）。

ＶＬ特集で私が同社にアポを入れたとき、小林氏より「○月○日の20時に来てください」という返答があった。

私には、インタビュー開始が一般的な範ちゅうにない時間であることの真意がよくわからなかった。しかし、同社を訪ねて合点がいった。会社の中は夜の20時でもダルそうな残業風景ではまったくなかった。当時普通の人の3倍くらい働くことに「ドッグイヤー」という言葉が使われていたが、それを実感させる光景であった。

さて、小林氏が語るＶＬの狙いはこうだ。

――中小企業固有の問題に「素晴らしいアイデアがあっても資金がない」ということがある。一方で、「資金があっても本業に将来性がなく、新しい事業を模索している」という企業もある。この両方を結びつけることができれば、双方にとってメリットがある。どんな事業にも実際に収益を上げている仕事のほかに、やむを得ず行っている仕事があり、その分の生産性が上がらない。その生産性が上がらない部分をＶＬが担って生産性が上がるようにする——。ざっと、このような内容であった。

この「双方にとってのメリット」となるベースをつくるために行ったことは、会員となる中小企業の情報を集めることだった。そこで、金融機関に飛び込みに近い形で営業活動を行った。

そして、旧相互銀行や信用金庫から徐々に提携先を増やすようになり、万単位の会員を組織化して実績を積んでいくことで、地方銀行やＶＬの関連会社によって都市銀行とも提携を進めた。こうして当時、全国約１９６機関、９万社を組織するにいたった。

このような事情で、ＶＬの設立から約10年間は金融機関のシンクタンク的な機能を果たすことが業務の中心となった。その過程で、ＶＬはサンマルクと出合った。

2 FC開発のスピードが飛躍的に早くなる仕組み

サンマルクの片山直之社長は、１９８０年代から小林氏のビデオを活用した勉強会で学んでいた。そこで、片山社長は小林氏に、次のような同社の事業内容を見てもらった。

・当時（91年ごろ）のファミリーレストランは低価格化に傾斜しつつあったが、サンマルクは客単価２３００円程度で、特定の顧客にアピールした。

・フランス料理でありながら、店舗にはパートナー企業より半加工済みのメニューが届けられ、店内では素人が作っている。

この仕組みを目の当たりにした小林氏は、「うまくＦＣ展開につなげれば３～５年で株式公開できる」と確信し、91年に日本エル・シー・エーを入れてＦＣパッケージ化して、92年よりＦＣ展開を開始した。ＶＬのＦＣ開発代行事業は、ここから始まった（写真11―１）。

ＶＬのＦＣ開発代行は、一般的なＦＣ公募ではない。前述の苦節10年で作り上げたネットワークのなかに落とし込むことだ。ＶＬの会員に対して新しいビジネス情報を提供し、そのなかで興味をもった会員にＶＬの社員が営業に出向く。ＶＬでは逐次新しいビジネス情報を提供していくわけだが、サンマルクで成功した会員はこの情報に興味を示し、噂を聞きつけたほかの会員も興味を示していく。成功の実績を積むと、そのたびに飛躍的にＦＣ開発のスピードは上がっていった。

ＶＬでは、次にスーパーバイザー（ＳＶ）の代

写真11－1
「サンマルク」はベンチャーリンクと
組むことでFC展開を推進

行を行うようになった。これは、サンマルクの次にＦＣ開発代行を手掛けた中古車販売のガリバーからである。

ガリバーは、初期投資が低いことから飛躍的に加盟者を増やした。しかしながら、教育やＳＶで本部の力が追いつかず、加盟店が赤字化してＦＣシステムそのものが崩壊する危険性があった。そこで、ＶＬからＳＶを派遣することになった。

3　ＦＣ開業支援を専門化したグループ企業で推進

このような実績が注目され、ＶＬのＦＣ支援を求める企業は後を絶たなくなった。その一方で、ＶＬは業態のＦＣ展開を支援するかどうかを判断する基準を厳しく設定していた。

・売上対営業利益率20％以上（加盟店はロイヤルティ5％を支払った後に15％以上の利益が手元に残る）。投資回収3年以内（うまくいかなかったときのダメージを抑える）。

・参入障壁を築けるか（まねをしてもまねをしきれない仕組み、まねをしても無駄だという開発スピードがあるか）。

・時代の変化に合わせて、業態をリファインしていく能力を社長自身がもっている。

さらに、ＦＣ開発支援で行われる業務を専門的に行うグループ会社を設立して、以下のように事業をより先鋭化していった。

・ベンチャー・リンク（加盟店開発・立地開発・ＳＶ代行、経営戦略立案サポート、など）

・リンク・インベストメント（投資、株式公開コンサル）

・プライム・リンク（FC加盟店運営、マーケティングノウハウの蓄積と本部へのフィードバック）

・VENTURE LINK USA,INC（各FCの食材や商材の輸入代行、翻訳・通訳サービス）

・モベラ（広報・宣伝・販促事業支援、など）

・リンク総研（市場調査、など）

・ベンチャー・リンク コミュニケーションズ（FC本部の社内システム・メール環境の整備、FC本部のHP作成、など）

＊関連会社

・日本エル・シー・エー（FC診断、FCパッケージ化、など）

　こうして「ビジネスの種を見つけ、それを自ら支援してFC本部として成功させて上場させる」というVLのビジネスモデルは完成したかと思われた。成功FCを量産していくという意味を込めて「FCファクトリー」と自ら称していた。そして、01年3月に東証1部に上場した。

4　急速に成長したことが逆のベクトルを生んだ

　このようにFC開発支援サービスが高度に整っていったVLが、なぜ失速するようになったか。

　まず、FC開発代行、SV代行を行っていた草創期からの主力ブランドである「サンマルク」や「牛角」がVLとの契約を解消した。ブランド側では「自社で行う能力が備わってきた」と言っていた。

　次に、急速に広がっていたFC加盟店開発が突然停滞した。FCの加盟権利を購入したが、出店できないところが続出したからだ。

さらに、出店することができたとしても、多くのＦＣ加盟店の業績が良くなかった。おそらく、ＦＣ加盟獲得を急ぐあまり、過大な売上予測を示し、実際にオープンしてみると売上予測にまったく届かないという事例が多くなったのであろう。

これらの要因は、ＦＣ加盟店開発の急速なスピードが逆のベクトルをもたらした結果である。ＦＣ開発支援のなかでＳＶ代行はとても重要なポイントである。ガリバーでこのノウハウを築いたということだが、加盟店開発が次々と進んだために、この部分の能力が手薄になっていったのではないか。

そして、旧商号ベンチャー・リンクであるC&I Holdingsは、２０１２年３月12日に東京地裁へ民事再生法の適用を申請し、同日保全命令を受けた。

フードサービス業界を台風のように駆け抜けた元ＶＬであるが、この実働期間に一線で活躍した元社員たちは、ＶＬ当時のドッグイヤーで培った能力を新しい世界の実務で発揮し、高く評価されている。「彼は元ＶＬだから」という具合である。

第12章 ＦＣ焼き肉店ブームと牛角急成長

２００１年
～「開業しやすく、お金を稼ぎたい」という ニーズを仕組みでつかむ～

1 「ＦＣで焼き肉店を開業したい」という理由

２００１年に入って、『飲食店経営』編集部にある現象が起こっていた。

それは、読者からの問い合わせのなかに「焼き肉店をＦＣで開業したい」という趣旨のものが目立って増えてきたということだ。電話をかけてくる人は、フードサービス業が本業でないこともわかってきた。大きな会社の人は、ホームセンターなどのノンフードの新規事業担当者。そうでない人は、個人事業ではなく、商店街に複数店舗を構えている小さい会社の経営者であった。

私が、電話の相手に「なぜ、焼き肉店のＦＣを希望するのか」と質問すると、ほぼ同じくこのように答えてくれた。

「焼き肉屋さんは料理人を雇わなくてもいい。お客様が自分で肉を焼いてくれる。そして、飲食業はお客様が来店すると必ず食事をしてくれる。食事をすると在庫が回転する。」

「ノンフードの場合は、お客様が今、所有しているものが使えなくなるほど老朽化したり、壊れたり、また、すぐに必要になったという以外は来店する可能性は低い。」

そこで、この年の前半に私は『飲食店経営』誌上で焼き肉特集を3回行った。焼き肉特集を組めば部数は通常号に対して５００冊がオンされた。「こんなに頻繁に焼き肉特集をしなくても……焼き肉以外にたくさん業種があるんだから……」と忸怩《じくじ》たる思いはあったが、焼き肉特集は必ず売れた。それほど焼き肉店を開業したい事業者が、01年当時にたくさんいたのである。

　ここの本題に入る前に、焼き肉特集で紹介した内容をざっと紹介しよう。

　まず、01年最初の特集である2月号の筆頭は「焼肉屋さかい」。岐阜で立ち上がった同チェーンは、00年12月東京・銀座に出店して東京圏に進出。同社会長の坂井哲史氏は、「いい人材、いい立地、いい仕入れは、東京圏進出が解決する！」と意気を上げていた。

　次に、「一番カルビ」。物語コーポレーションの同業態は１９９５年12月に1号店をオープン。クオリティーの高さとお値打ち感、ＢＧＭがレゲエという斬新なダイニング空間もってファミリーへの訴求に余念がなかった（写真12―1）。

　このほかに、広告関連が計18ページ入った。

　3月号も焼き肉特集だが、この号のことは次の項で詳しく解説するので、7月号の内容を紹介する。この号では「韓国色」を強めた特集にしている。巻頭では、「眞露ジャパンの外食戦略」と題し、アルコールメーカーが焼き肉直営店を出店した背景について紹介。さらに、チェーン展開を目指している「タッカルビ」専門店を紹介している。また、内臓肉のバラエティーや対面方式など、メニューや食事の動機などのバリエーションで焼き肉店開業の可能性が広がる、という趣旨でまとめた。

　ここでも広告関連は22ページ入った。

写真12－1
物語コーポレーションが手がけた
「焼肉一番カルビ」

このように、焼き肉特集は部数増に加えて広告収入にも大きな効果があった。

2 VLの存在によって「牛角」が急成長

さて、ここで本題となる01年3月号である。この焼き肉特集のメインは「炭火焼肉酒家 牛角」（以下、牛角）である。牛角の1号店は１９９６年1月だが、２０００年12月の段階で２３４店舗となっていた。1号店から5年で２００店突破である。そのスピードの速さには、ベンチャー・リンク（ＶＬ）の存在があった。

牛角を展開するのはレインズインターナショナルである。その前身は、創業社長の西山知義氏が手掛けた不動産業のレインズホーム。西山氏は子どものころから事業家を目指していて、「不動産業なら独立しやすいだろう」と思い、この事業を始めた。

西山氏は不動産業で営業マンを雇用するなかで、不動産業界のプロパーは職人的気質が強いことで悩んでいた。そして、正社員も時給６００円のアルバイトにも変わりなく同じ商品ができるマクドナルドの仕組みに興味をもち、日中不動産業を営みながら、夜マクドナルドでアルバイトするようになった。いざ、マクドナルドで働いてみると、商品づくりの仕組みではなく、アルバイトをやる気にさせる人事評価の仕組みやお客様に対する考え方に学びを多く得たという。

当初は、マクドナルドで学んだことを不動産業で生かそうと考えてみた。しかしながら、不動産業での差別化は商品ではなく人と人との付き合いで生まれるということから、フードサービス業を起業しようと考えた。

そのなかで焼き肉店を選んだのは、西山氏自身、肉が好きだったこともあるが、焼き肉店業界が立ち遅れていることにビジネスチャンスを嗅ぎ取ったからだ。焼き肉店業界は５０００億円と巨大な市場であるにもかかわらず、総店舗数の４分の３が個人営業であり、商品、価格、サービスなどで満足のいくレベルに達している店が少なく、差別化できるポイントが幾つも考えられたという。

また、西山氏も焼き肉店に「料理人がいらない」という仕組みに魅力を感じていたという。ここが前述した「ＦＣで焼き肉店を開業したい」というノンフードの事業者をはじめとした需要に供給がマッチして、急速に展開するようになった。

牛角では、１号店の段階からアルバイトだけで商品提供ができる仕組みづくりを行っていた。たとえば、食材の下ごしらえを完全に外注化、肉はカットしたものをお客様に提供する分だけを仕入れるようにした。野菜も2号店からカット野菜に切り替えた。タレも仕様書発注した。アルバイトだけで運営することで人件費を圧縮して、その分メインの肉にコストをかける——という考え方である。

こうして「オペレーションが簡単、お値打ち感の高い商品、高い生産性」の牛角は、時代の寵児となっていった。

第11章で述べたＶＬ特集をまとめた99年12月の段階で、牛角の原価率は36％、人件費は17％となっていた。2号店の用賀店は32坪62席で月商１３００万円、経常利益率は30％を超えることもあるという高い生産性を誇っていた。

3　牛角のＦＣ展開で　ＶＬの依存度が高まる

西山氏は当初、牛角を直営で展開するかＦＣにするか迷っていた。しかしながら、サンマルクの株式公開の記事を読んで、同社を支援した会社の存在が気になり、帝国データバンクからＶＬの決算などを取り寄せてパートナーとしての検討を始めた。

当初西山氏の意向はＶＬに取り合ってもらえなかったが、日本エル・シー・エーのＦＣ診断を受けたところＦＣ展開の可能性があると判断された。そして、ＶＬと日本エル・シー・エーの協力を得て、半年間をかけてＦＣパッケージを作り上げた。正式にＶＬとＦＣ開発の業務提携をしたのは97年12月。翌年1月にはＶＬの会員に向けてＦＣの公募を行った。

当初の契約はＦＣ開発だけであったが、98年にはＳＶの一部や、人材採用にまで拡大していき、人材派遣も検討していた。ＳＶは自社で行っていたが、ＶＬの方が経験は豊富だと判断し、ＶＬに委ねることが増えていった（写真12―2）。

01年3月号の牛角特集の最後に、ＦＣコンサルタントの黒川孝雄氏が牛角の成長性に次のようなコメントを寄せていた。

「ＶＬグループと牛角との間には、さまざまなアウトソーシングコンサルタント契約が成り立っている。とくに、ＦＣビジネスの生命線とも言うべき店舗開発と加盟店指導業務（ＳＶ活動）が全面的にアウトソーシングされている。果たして、これでＦＣビジネスのノウハウが牛角の中に蓄積

写真12－2

「牛角」急成長の裏にベンチャーリンクの存在があった

できるであろうか。牛角はＶＬの丸抱えであり、もしも両社の間に亀裂でも生じた場合は、牛角の存続にもかかわる問題点である。」

４　日本とアメリカでＢＳＥが発生しＦＣ焼き肉店に逆風

２００１年９月10日に日本で狂牛病（ＢＳＥ）問題が発生する。途端に、焼き肉をはじめとした肉の世界に逆風が吹くようになった（ＢＳＥを巡る話題は第13章で述べる）。さらに、03年12月24日にアメリカでＢＳＥが発生し、日本政府はアメリカからの牛肉の輸入をストップした。

このように立て続けに発生したＢＳＥによって、発生前のようにＦＣで焼き肉店を開業しようと思う人は皆無に等しくなった。牛角は04年に全国で約８００店というピークを迎えたが、その後店舗数が２割以上減少した。

さて、西山氏は、04年８月にコンビニ「am／pm」をＭ＆Ａ、10月には「成城石井」をＭ＆Ａするという具合に外食・中食・内食のすべてを制覇するという意欲を示していた（am／pmは11年12月に全店閉店、成城石井は14年９月にローソンがＭ＆Ａ）。

一方、急速に拡大した牛角は、オーナーと契約をしたものの出店に至っていない「未出店枠」が発生していた。ＶＬとの契約は05年度で解消し、未出店枠は同社の子会社によって解決する目処を示した（05年５月にレインズインターナショナルからレックス・ホールディングスに社名変更。レックス・ホールディングスは12年10月にコロワイドの連結子会社化）。

西山氏はＶＬとの契約を05年度で解消した理由について、「ＶＬに依存しなくてもよい体制が整った」という趣旨のことを語っていた。

それ以降第11章で述べた通り、ＶＬは急速に業績を悪化させていった。

第13章
日本とアメリカで「ＢＳＥ」発生

２００１年
〜広報戦略の重要性に気づき
新業態開発が活発になる〜

各章で２００１年９月10日に日本で初めてＢＳＥが発生したことについて、少しずつ言及しているが、ここの一章で整理して述べる。

この事件は、その日の昼どきのニュースで報じられた。

「千葉県白井市で狂牛病の疑いのある子牛一頭が発見されました。」

この報道がきっかけとなり、フードサービス業に限らず食品流通の全般が脅かされ、のちに、日本人の食に対する価値観を大きく変えることとなった。

1　工業製品化する「食」への懸念が現実となった

狂牛病の正しい名称は「牛海綿状脳症（ＢＳＥ）」というもので、牛の病気の一つである。ＢＳＥプリオンと呼ばれる病原体に牛が感染した場合、牛の脳の組織がスポンジ状になり、異常行動、運動失調などを示し、死亡するとされているものだ。

この原因は、かつてＢＳＥに感染した牛の脳や脊髄などを原料とした餌が与えられたことによるもので、過去イギリスなどで発症事例があった（厚生労働省）。イギリス政府は、ＢＳＥが人間に感染してクロイツフェルト・ヤコブ病、いわゆる認知症様症状が出ることは否定できないと発表し、大騒動になった。日本のテレビではBSE発生後、資料映像としてホルスタインの子牛が脚を震わせながら崩れていく様子を放映、日本人はすべからく、食肉そのものへの漠然とした不安感を募らせていった。

BSEが発生する1カ月前に『ファストフードが世界を食いつくす』（エリック・シュローサー著、楡井浩一訳）という本が発行されていた。私は、その本の広告文から興味を抱き、早速読了した（写真13―1）。

この本の前半はアメリカのファストフードの誕生秘話がつづられていて、とても興味深い。

このなかで、私がとても感銘を受けた箇所がある。それは、マクドナルドの中興の祖であるレイ・クロック氏とウォルト・ディズニー氏が同じイリ

写真13－1
『ファストフードが世界を食いつくす』

ノイ州出身で、ディズニー氏は１９０１年生まれ、クロック氏は02年生まれと1歳違いで、第一次世界大戦で同じ衛生隊に属していた――ということから始まり、マクドナルドとディズニーのマーケティングを比較していくという構成である。とくに、両者のビジネスがキッズ（子どもたち）を対象にしているくだりが秀逸である。

しかしながら、後半からスタンスが一転する。これについては訳者があとがきに訴えかけるように述べているので、それを引用する（一部省略）。

「あまりに急速、あまりに大々的なその隆盛の陰で、失われたもの、ないがしろにされてきたものも多い。〝食〟という根元的な営みに関わるビジネスだけに、実生活上の各方面への影響は計り知れない。なおかつ、ビジネスとしてのありかた自体が、実は破壊的と呼べるほどに大きな問題をはらんでいる……。」

消費者は自らを守るためにファストフードを監視せよ、と言わんばかりである。

私にとって、その読後の強烈な印象が失せないなかで、ＢＳＥ問題は現実に起こったのである。

2 「風評被害対策」で立ち直りも早い

当時のＢＳＥ対策は、「風評被害対策」であった。この対策に経営トップ自ら動いた事例として、ペッパーフードサービス社長、一瀬邦夫氏の行動を紹介しよう。

「ペッパーランチ」では、ＢＳＥ報道のあった２００１年9月は店舗段階であまり影響がなく、静観していた。しかしながら10月に入ると、客数が全店平均で20％落ち、30％を超える店も出てきた。そこで、一瀬氏は何とかしなければと思い立ち、次のような行動に出た。

「お願い、助けて下さい。このままでは本当に困ります。美味しく安心な米国産のお肉です。食べに来て下さい。頑張ります。店長」――このような文言をＡ４にコピーして、加盟店一店一店に店頭に掲示するようにお願いをして回った。

この紙面の文言があまりにもストレートであることから、加盟店のなかには拒否感を抱くところもあったという。

ＢＳＥと直接関係する焼き肉店の各社は、どのように動いただろうか。『飲食店経営』２００１年12月号の特集「〝がんばれ！　焼き肉店〟牛肉危機を打ち破れ！」から抜粋して紹介しよう。

まず、被害状況として、「郊外に立地するファミリー客主体の大型店に客数減が顕著に見られる」「逆に、都心のビルイン型店舗は影響が少ない」「内臓肉を看板に営業をしていた焼き肉店ほど影響が大きい」「ブランド力のある焼き肉店は、あまり大きなダメージを受けていない」とまとめている。チェーンの対策は以下の通り。

・「牛角」（４０４店）では、10月19～25日全店で「感謝祭」を実施。カルビ、ハラミ、ピートロを４９０円から２９０円に、生ビールを３９０円から98円にして提供した。この期間で、客数を感謝祭以前の2倍、売上げをＢＳＥ報道前に戻した。

・「安楽亭」（２８６店）では、毎年好例の期間限定フェアのなかで、グランドメニューでは扱っていない魚介類をふんだんに提供した。

・「焼肉屋さかい」（１８３店舗）では、10月19日の折り込みチラシで「安全・安心宣言」をうたい、１０００円分の値下げ券とカルビ無料券をつけた。

各コンサルタントからのメッセージは、「韓国料理の強化、中国料理の導入で『牛肉イメージ』を脇に置く」「劣悪な風評を克服して、安全性をお客に訴えよう」「逆風の今こそ強靭な運営体制を築こう」「今こそ飲食業従事者は、生産者、消費者と〝本音〟で情報交換しよう」というものだった。

厚生労働省と農林水産省では、ＢＳＥ騒動に対して01年10月18日に「安全・安心宣言」を行った。ここより牛の特定部位の除去・焼却を法令上義務化し、ＢＳＥ検査を全国一斉に行った（写真13—2）。

では、「安全・安心宣言」の後でも、客数が戻らない店は何が問題であったのか。その要因を、前述の一瀬氏はこう言い切っていた。

写真13－2

BSE騒動は食の「安全・安心」の大切さを植えつけた

「BSEの立ち直りの早い店は、もともと売上げが高い店で、QSCが徹底されていた。」

BSE問題は、改めてフードサービス業の原理原則の重要性を考えさせた。

3 アメリカでBSE発生 日本では牛肉の代替が進む

日本でのBSE騒動が沈静化したのもつかの間、2003年12月24日の朝（日本時間）に「アメリカでBSE発生」のニュースが報道された。

これを受けて、農林水産省と厚生労働省は早速、アメリカ産牛肉、牛肉加工品、生体牛の輸入を一時的にストップした。

01年に日本で発生したBSE問題は、広報活動やイメージ作戦で克服することができたが、03年のアメリカの場合は、物理的にアメリカから牛肉が入ってこない。

当時、日本で流通している牛肉の産地は、ざっくりと3分の1が国産、3分の1がアメリカ産、残りの3分の1がそれ以外の国々となっていた。アメリカ産牛肉は、とくにチェーン展開しているファミリーを顧客としているフードサービス業が使用しており、これらの店では営業の路線変更や新業態開発が迫られた。

それまでアメリカ産牛肉を使用していた焼き肉の個店では、オーストラリア産その他の国々のものに切り替えることで低価格を訴求する例もあったが、和牛一頭買いで「こだわり」を訴求するところも現れた。

牛肉に代わる新業態としては、まず「銘柄豚肉」と「本格焼酎」をマッチングした店が急激に増えた。

銘柄豚肉の定義に明快なものはないが、品種と飼料にこだわっていることをブランディングしているものだ。日本には２００以上あるとされている。「黒豚」が有名だが、これは純粋バークシャー種同士の交配から生産されたもので、産地として鹿児島が多いことから「かごしま黒豚」がメジャーとなった。

新業態ではこの特徴のある食材に、単式蒸留機を使ってじっくりと蒸留することによって原料の風味が豊かで深い味わいになる「焼酎乙類」と合わせることを提案している。この本格焼酎も鹿児島をはじめとした九州が本場である。

また、羊肉の「ジンギスカン」が続々と増えた。ＦＣ展開を標榜して、チェーン本部を名乗るところも現れた。しかしながら、牛と比べると羊は体が小さく、牛ほどの部位や内臓の種類がないためにグレージング（＝いろいろな種類を楽しむこと）が弱く、リピーターにはなかなかつながらなかった。デザートにソフトクリームを提案しているところが多かったが、その理由はメニューのバリエーションをつくりにくかったためではないかと思われる。

牛肉の代替は豚肉、鶏肉がほとんどだが、「焼肉屋さかい」では、これらの牛肉に代わる新メニューのキャンペーンで「焼？屋さかい」と称していた。

アメリカ産牛肉使用が99％という吉野家では、牛丼が無くなることのカウントダウンが始まり、04年の２月で牛丼の販売を休止した。以来、カレー丼、豚丼、いくら丼と、グループの各業態で使用している食材を活用した代替商品を投入した。吉野家のカレーはその後、定番化した。

アメリカ産牛肉の輸入規制の緩和は、まず05年12月に月齢20カ月以下となった。これによって吉野家では牛丼の限定販売を行った。ほかのチェーンは、主にオーストラリア産に切り替えることで牛丼販売を継続したが、09年には「すき家」が仕掛けた形で２８０円、２７０円といった牛丼の安売り競争が展開された。

13年2月から、月齢30カ月以下に緩和された。この決定によって、危険部位といわれた骨付きも提供可能となり、「Tボーンステーキ」を訴求するアメリカのステーキハウスが日本に進出する事例も見られた。

01年と03年のＢＳＥ問題を振り返ると、牛肉は「ごちそうの王様」であることを改めて認識する。

第14章 「プロ」から「ファン」の外食へ

２００６年
～ミステリーショッパーの変化が示す「リピーター」の時代～

1 「居酒屋甲子園」で経営者が自主的に結束

２００６年２月９日、東京で「第１回居酒屋甲子園」決勝大会が開催された（主催：ＮＰＯ法人居酒屋甲子園）。これは、全国の居酒屋が日ごろ居酒屋の仕事に情熱を傾け、さらに、業績を上げるための仕組みをつくって店舗運営をしている、ということをステージ上でアピールするものだ。

イベントは年々盛況で、16年も11月15日に第11回が開催された。第１回の参加店舗は２３６、決勝大会への来場者は約２０００人というものであったが、第11回では、それぞれ１６７９店舗、決勝大会来場者約４２００人という規模となっている。これは、居酒屋甲子園が全国の業界人にとって、開催が年々待望されるようになっていることの証しである（写真14―1）。

居酒屋甲子園の評価の対象は当初、居酒屋業界で働くことの共感と強いチーム作りの秘訣ということだった。その後、高い効果をもたらすプロモーションや、生産者とのつながり、地域社会とのかかわり方について訴えるようになるなど、居酒屋に限らず、個店や支店経営のフードサービス業にとってのあるべき姿を披露する場となっていった。

そして、開催を重ねるたびに学びを共有する

写真14－1　「居酒屋甲子園」は
2017年で12回の開催となる

という意味合いが強くなり、私はその折々のメインテーマが、居酒屋に限らずフードサービス業のトレンドでありキーワードとなっているとともに、当面の課題解決に大いに役立つものと認識している。

居酒屋甲子園の決勝大会は全国大会を勝ち残ってきた5チームがファイナリストとして20分間、それぞれの取組みを披露する。

ここにいたるまでには、各地区での予選を勝ち残る必要がある。１次予選は「２カ月分の覆面モニター調査（全店舗対象）」、２次予選は「１次予選各地区上位20％の店舗による覆面モニター調査」の結果で決定される。そして「２次予選各地区上位5～7店舗によるプレゼン審査」の地区大会が行われ、「各地区大会優勝店舗によるプレゼン審査」の最終予選という関門がある。

ここでのポイントは、全国地区の参加店舗を地区予選まで絞り込んでいくために「覆面モニター調査」に比重が置かれていることだ。これはミステリーショッパー（以下、MS）のことで、一般のお客様が調査員となり、一般のお客様になりすまして店を訪問し、評価するということだ。

つまり、最初の関門は、飲食店を利用する機会が多い飲食店のファンからの評価である。チェック項目は、「着席前」「メニュー」「オーダー」「提供時間」「提供時の対応」「料理」「中間接客」「会計・退店」「清潔度」「接客全体」というものだ。

居酒屋甲子園のMSの詳細については割愛するが、それぞれの質問項目はどのようなスタンスになっているのか、概要を述べよう。

〔入店～ご案内〕

・入店されたときに、「いらっしゃいませ」と元気良く、笑顔で気持ちよい挨拶がありましたか。

〔会計～見送り〕

・お会計はスピーディーに行われていましたか（お待たせしませんでしたか）。

〔オーダー・料理の提供〕

・熱い料理・ドリンクや、食べ方が変わった料理・ドリンクを提供する際、スタッフから一言声掛けがありましたか。

〔料理〕

・お料理の味はいかがでしたか。
・お料理のボリュームはいかがでしたか。

質問事項は高度な内容ではまったくない。ここで気づくことは、調査員に対して数字で示すといった定量的な答えを求めているのではなく、定性的な答えを求めているということだ。つまり、別の人が調査をすると別の評価がなされる可能性があるということだ。

では、なぜこのような調査方法が店のレベルを客観的に知る上で有用なものとして認められているのだろうか。

2 「プロ目線」より「ファン目線」が重要

ＭＳは、日本のチェーンレストランの草分けであるケンタッキー・フライド・チキン（以下、ＫＦＣ）が業界に先駆けて行っていた。

ＫＦＣがＭＳを導入したのは１９７８年のこと。ＫＦＣは翌年に２００店舗を突破して急成長の途上にあった（16年度１１４９店舗）。

チェーンレストランは、全国のどの店も同じサービス内容・レベルでなければならない。それが急成長の途上にあるわけであるから、本部にとっては「店の現場が本部の指示通りになっている」ということが重要なポイントとなる。これがチェーンレストランの標準化というものだ。

ＫＦＣでは当初、その点検を社内の担当者が直接店に赴いて行っていた。それが、店数が多くなり、さらに、本部から遠距離の場所に店ができるようになったことで、社外の人に調査を依頼するようになった。これらの人はＫＦＣのＭＳ調査員としての研修を受講することになる。

ここまで述べたＭＳの視点とは、「プロ目線」である。

こうしてＫＦＣでは、この外部調査員に委託したプロ目線による店の点検と評価を行っていった。しかし、その後、ＫＦＣではこの評価内容と実際の店舗の売上げやクレームの状態がリンクしないことに気づいていった。それは「評価の点数が高いから、売上げも高い、ないしはクレームも少ない、というわけではない」ということである。

図表14－1　KFCは「CHAMPS」を掲げて顧客目線のサービスを強化

　その結果、ＫＦＣでは社内のＭＳを98年から、前述の居酒屋甲子園のＭＳのような「ファン目線」のものに切り替えた。これをＫＦＣでは「ＣＨＡＭＰＳ／チャンプス」（図表14―1）と呼んでいる。この名称は、これらの項目の頭文字をつなげたものである。

　この由来について、日本ＫＦＣホールディングスのホームページでは、このように述べている。

「（冒頭略）"ＣＨＡＭＰＳ"は、店舗活動のすべてをお客様の立場に立ってチェックし、公正な基準で厳しく評価・改善するシステム。その審査項目は多岐にわたり、不備な点は即刻改善できる仕組みになっている。このＣＨＡＭＰＳの実践を通して、品質、サービス、技術、施設設備の充実を図るとともに、全国の店舗スタッフが技能とホスピタリティを競う〝ＣＨＡＭＰＳチャレンジ競技大会〟を開催するなど、『お客様をおもてなしする喜び』を企業文化の一つとして大切に育んでいます。」

このようにＫＦＣが行ってきたＭＳの試みは、チェーン規模の拡大にともない、顧客目線の比重が高くなっていくことを示している。

3 客数アップのために リピーター獲得を重視

私は、日本の近代的なフードサービス業界の歴史は大きく二つに分類されると考えている。それは、１９７０〜２００１年までと、01年以降の二つである。それぞれのテーマは、前者が「チェーンレストランの時代」、後者が「ポスト・チェー

チェーンレストランの時代		ポスト・チェーンレストランの時代
プロ目線	→	ファン目線
客数	→	リピーター
標準化	→	顧客対応

図表14－2 「チェーンレストランの時代」と「ポスト・チェーンレストランの時代」の違い

資料：筆者作成

ンレストランの時代」である。

二つの分岐点を01年としているのは、この年に発生したBSEによって、フードサービス業の価値観がドラスチックに転換したからだ。ひたすらに規模の拡大を求めていたフードサービス業が、食材の危機によって「安全・安心」を訴えるようになった。

その違いを私は「チェーンレストランの時代」と「ポスト・チェーンレストランの時代」に分けた。それぞれの時代のミッションを整理し、MSが追求してきたことを図表14―2に示した。

フードサービス業界は、01年の9月以降「安全・安心」を掲げるようになったが、営業面では「新規客も重要だが、それ以上にリピーターが重要だ」と考えるようになった。それを実現するためには顧客対応、つまり、今接客しているお客様が「楽しい」「嬉しい」「居心地がよい」と感じられるように、場面に応じて一所懸命に行うことが重要であるということだ。

飲食店はお客様にとって「また行きたい」と感じられる存在であることが、より重要視されるようになった。

スタバのことを論述した第5章で、97年をピークに外食産業市場規模が減少していった理由を店舗飽和によるものと述べた。そして00年に入り、少子高齢化、人口減少と市場がシュリンクしていることに加え、お客様のフードサービスの経験値が高くなっているということも含めて、「顧客対応」はより重要になっていく。

第15章

外食バブルを吸収した男の表現力

2006年
～人間性を掘り起こすプロデューサー「浜倉好宣」の原点～

「飲食店プロデューサー」という役割は、飲食店の空間を、お客様を魅了するものにクリエイトする存在である。

浜倉好宣氏（1967年生まれ）の場合は、空間が美しい、カッコいいという価値観ではなく、人の心を揺さぶる世界だ。

浜倉氏が得意とする業態は、新鮮な魚介類をお客様が自前で焼く「浜焼き」である。店は漁港にある漁具置き場の小屋のような雰囲気で、加えてお祭りの紅白の垂れ幕が壁を覆い尽くしていたり、存在感のぶつかり合いがそこにある。わかりにくい文章になったが、実際に浜倉氏がプロデュースした飲食店を訪ねると、私が言わんとすることは理解していただけると思う。

浜倉氏が頭角を現したのは2005年6月、東京・門前仲町の飲食店街にオープンした「深川山憲」である。先に紹介した内装で、25坪77席とギュウギュウに詰め込んだ店だ。

当時、浜倉氏は外食企業勤務から独立したばかりで、魚屋さんを営んでいたという52歳の男性を知人から紹介された。その魚屋さんは街の人にとって欠かせない存在であったが、スーパーマーケットが台頭することで閉店することになった。

「この年では、再就職もなかなかできない。家にいても何もすることがない。」

このように嘆く相談相手の話から、「自分たちもいずれ〝おやじ〟になっていくのだから、この先輩たちが輝きを失わないように、そして次世代にとって明るい未来をつくろう」と心に念じたのだという。

そうして誕生した同店は「おやじが再びイキイキと働いているからこそ生きている業態」として表現された。

1 「恵比寿横丁」で示された「浜倉ワールド」

その後、浜倉氏は「再生」の世界に入っていく。浜倉氏の存在感を不動のものにしたのは2008年5月にオープンした「恵比寿横丁」である。かつての公設市場跡で、地権者が入り乱れて誰も再開発をしようと思わなかった物件を、2年がかりで交渉をまとめ上

写真15－1
「恵比寿横丁」は20を超える外食店にあふれる人でにぎわう

げて「浜倉ワールド」で空間をつくり上げた。その後、恵比寿横丁は増床し、今日の連日人でごった返す飲食ゾーンとして定着するようになった（写真15―1）。

　私が浜倉氏のことをことさら注目するのは、浜倉氏が「再生」プロデューサーとしての地場を固める以前の社会人生活が、当時もっとも先端的なことを行っていたからである。ここに大きなギャップがあるからこそ、比類ない「浜倉ワールド」が輝きを増す。

　浜倉氏は京都で過ごした16歳のときに飲食店で初めてアルバイトを経験する。高校卒業後、飲食店に勤務し、20代そこそこで和食店の店長に就任する。20代半ばで弁当店のチェーン本部に入り、加盟店の人間模様を経験した。

　弁当店チェーン本部を辞めた浜倉氏は、京都の料亭のリニューアルと、その立ち上げの仕事に携

写真15－2
浜倉氏が独立後に着手した
浜焼き酒場「鱗」シリーズ

わっていた。そのときに、出入りしていた庭師と親しくなり、その人が営む和歌山・南紀白浜の民宿で強烈な体験をすることになる。

浜倉氏の一行は現地に着いてすぐにボートに乗って魚釣りをした。その後市場に行き、自分たちが食べたいものを調達した。民宿に帰ってから風呂に入り、夜これらを炭火で「残酷焼き」にして食べた。この一連の心地よい体験が「浜焼き」の原体験になったという（写真15―2、3）。

そして、フードサービス業の潮流を変えた二つの企業の成長の真っ只中を経験することになった。

2 居酒屋業界の流れを変えた「ちゃんと。」

まず、入社した会社は大阪のちゃんとフード

写真15－3
浜倉氏の飲食の原体験「浜焼き」はさまざまな業態で生かされる

サービスである。１９９７年のことで浜倉氏は29歳であった。同社の岡田賢一郎社長（65年生まれ、当時32歳）はフードサービス業のニューリーダーであった。同社が展開する「ちゃんと。」は、当時の居酒屋シーンの間隙をついて大繁盛した。

その時代の大衆居酒屋は小ぎれいにまとまっているチェーン店か、そうでなければ旧来型の中高年を対象とする個人店であった。しかしながら「ちゃんと。」のスタッフは、みな若く元気がみなぎっていた。メニューは常識にない創作料理。空間プロデュースは当時20代の森田恭通氏である。

ウエーティングは当たり前。店がダブルブッキングをして、４人席に16人を詰め込んでも許されるといったノリがあった。会計を済ませたお客様に店の前であいさつをした後、ダッシュでビルの下まで行き、再度お客様にあいさつをして驚かすということを当たり前に行っていた。

同社の勢いにはこのようなエピソードがある。

モーターショーが開催される会場に屋台営業の権利を獲得し、そこで全店の店長・料理長が集まり、班ごとに競い合って売上げを作った。１日の売上げが３２０万円ということもあった。寝ずにテントの屋台を造り、みんなで競ってパンパンの売上げを作り、その売上金でみんなで飲食をした。こうして、増え続ける仲間との横のつながりや一体感、コミュニケーションを大切にした。

その後、同社は関西圏にとどまらず首都圏に進出した。同社の首都圏1号店は97年7月、横浜のクイーンズスクエアにオープンした「熱烈食堂」である。浜倉氏も幹部として東京にたびたび訪れる機会が増えた。

浜倉氏が首都圏のフードサービス業を見て驚い

たことは、「売上げの高さ」であった。その時代キハチやグローバルダイニングなど、月商1億円の店がたくさん存在した。

この東京における飲食の可能性の高さに魅力を感じた浜倉氏は、東京でフードサービス業にチャレンジすることにした。

3 本物の食材にこだわったフードスコープ

浜倉氏はちゃんとフードサービスを辞めて、２０００年からフリーで店舗プロデュースをするようになった。1年間ほど続けていたある日、当時の雑誌『アリガット』に掲載されていたフードスコープの求人広告にひかれて応募した。

フードスコープはそのころ東京・恵比寿に１９９８年5月にオープンした高級焼き鳥店の「今井屋総本店」が超繁盛店として注目されていた。同店は客単価６３００円、1フロア15坪、1～3階で月商２７００万円であった。

同社の今井浩司社長（68年生まれ）は、食材や調理にこだわっていた。「美食（グルメ）研究所を設けて、世界中から取り寄せた素材の組み合わせにより新しい食感と旨みを作るといったことに独自の研究を重ねていた。

今井屋の焼き鳥は1本４００～５００円。原価も２００～２５０円かけていた。浜倉氏によると、今井屋の焼き鳥は秋田の農家に比内地鶏を養鶏してもらい、現地で解体処理から串打ちも行っていた。今井屋で人材を採用した後、秋田に研修に連れていき、農家の人々の苦労を体験させた。現地には飛行機で行くことができるのだが、わざわざ鈍行列車で行って「こんなに遠く隔てた場所で今井屋の商品が生産されている」ということを実感させた。

　このようなこだわりは同社の主力業態となる「ＭＡＩＭＯＮ」にも生かされた。00年ごろにオイスターバーはマイナーな業態であったが、同業態はそれをメジャーな存在にした。店名の由来は「うまいもん」であるが、当時、開発事例が増えた商業施設から出店要請があったときには「美食米門」と書いていた。「米門」つまり、「アメリカの門」ということで、アメリカで展開することを夢に描いていた。

4 日本発「外食バブル」の頂点を体験する

アメリカで目指した場所はニューヨーク（ＮＹ）である。店名は「ＭＥＧＵ」。しかしながら、同店は出店にいたるまでに4年かかった。

　ＮＹで確保した物件は、マンハッタン南端の倉庫街で再開発が進んでいたトライベッカのビル1階と地下1階で、ワンフロア２００坪×２の４００坪という超大箱である。

　アメリカで出店することの難しさとは、まず、リカーライセンスの取得に時間がかかること。工事や検査もスムーズにいかない。保健所や消防署に申請をしても、いつやってくるかわからない。さらに、物件が分譲マンションなので工事をする際に、すべての所有者の同意が必要だった。図面もあれこれ変更があった。そんな最中、２００１年「９・11」が起きた。

ＭＥＧＵでは「本物の日本食材と料理」を提供するために料理人を日本で採用し、ＮＹに送り込もうとしたが、テロがあったために日本からのビザが限定された。そこで、全米でのオーディションに切り替えて、アメリカ在住の日本人の料理人を25人採用し、彼らのトレーニングを兼ねた日本料理店「黄金乃舌」を、銀座にオープンした。

いよいよＭＥＧＵは、04年3月にオープンした。総工費は8億円であるが、4年間の家賃や銀座の研修店舗、人件費などもろもろを合算すると10億円程度では済まされないであろう。

ＭＥＧＵはオープンしてすぐにＮＹセレブの御用達となった。トム・クルーズ氏やロバート・デ・ニーロ氏、ヤンキースの松井秀喜氏など、当代の著名人で連日にぎわった。

さて、フードスコープはベンチャー企業大手の傘下となった。グループ会社に介護の事業会社があり「食にこだわる」というイメージ戦略でフードスコープを必要としたようだ。しかしながら、同社がコンプライアンスを優先するために、食材やメニュー上のこだわりができなくなった。

このようなことから、浜倉氏は同社を退社して独立することになり、「再生」の世界に挑んでいく。

その「浜倉ワールド」はフードサービス業の成長の勢いやバブルの頂点を現場の最前線で経験した上で表現されている。だからこそ、フードサービス業の本質を突いているように感じられる。

第16章 ダイヤモンドダイニングとエー・ピーカンパニー

２００７年
〜２０００年を越えて現れた個性が明確な外食企業〜

フードサービス業には、いつの時代もチャレンジャーが存在する。若い起業家がいて繁盛伝説を生み出し、その情熱に憧れて「飲食人になろう」とする若者が、新しいフードサービス業の潮流を作っていった。

２０００年以降に創業したフードサービス業の特徴は「ニッチの発掘」であった。それは、それぞれの店が放つ特徴がはっきりとしているということだ。要するに、既存の領域にはない業態を生み出すということであった。

序章で述べたとおり、フードサービス業の業態は大きく四つに分かれている。この業態のなかで、開業の資金が少なくて済み、自分のアイデアで闘うというスタンスに立つと、「カジュアルレストラン」を想定することが大多数ではないか。ファストフードとファミリーレストランはすでにチェーン化企業が基盤を固めており、ディナーレストランは高度な調理技術と充実したアトモスフィア（雰囲気）が必要とされる。これらと太刀打ちするためには、何より膨大な資金を要する。

カジュアルレストランとは、客単価１５００〜４０００円くらいの業態、つまり居酒屋である。この業態では客単価２５００円のゾーンがすでに大きく形成され、新規参入組はその上の層ないし下の層を検討することになる。そして、「付加価値を付けてボリュームゾーンの上で闘う」というところが増えていった。これが、00年以降のフードサービス業の起業のトレンドである。

1　「エンタメ」でスタートした ダイヤモンドダイニング

そのチャレンジャーの象徴となるのがダイヤモンドダイニングである。

創業社長の松村厚久氏は１９６７年生まれで、大学を卒業後、日拓エンタープライズに入社してディスコの黒服として活躍した。95年に独立をして日焼けサロンを開設。２００１年６月に吸血鬼がテーマの「ヴァンパイアカフェ」をオープンしてフードサービス業に参入した。ダイヤモンドダイニングに商号を変更したのは02年のことである。

ちなみに、00年ごろをピークに「ガングロブーム」があった。そして、それに対応した日焼けサロンが続々と誕生した。この店舗は立地をあまり選ばなく人件費もかからないために、次の事業を思い描く若者が続々と参入した。

さて、03年の夏ごろから、銀座七丁目あたりで夕方になるとメイド姿の若い女性がビラ配りをする光景が見られるようになった。これは「迷宮の国のアリス」というレストランのプロモーションで、同店を経営していたのがダイヤモンドダイニングであった。私は当時『飲食店経営』にアルバイトで来てくれていた女子学生にレストランのリサーチにつき合ってもらっていて、早速彼女と同店を訪れてみた。

写真 16 － 1　「迷宮の国のアリス」のスタッフのユニフォーム

ビルの空中階にある同店は、布で間仕切りをして個室が設けられ、ピンクや紫のライトで演出されていた。接客はメイド服姿のスタッフが対応してくれた。学園祭の模擬店の雰囲気であった。そのキッチュな雰囲気のなかで食事をするのだが、その食事が予想外にとてもおいしいことに感激した(写真16―1)。このリサーチのとき、「ここで働いてみるのも楽しそうだ」とか、女子学生の方から積極的に意見を言ってきた。

同社はその後、「ファンタジー」をテーマにしたレスランを次々と展開。松村氏自身も「銀座のファンタジスタ」と称し、エンターテインメントを基軸にしたフードサービス業を追求していった。「ベルサイユの豚」とか「黒豚のタンゴ」という具合にキャッチーな店名にもこだわった。

この店名にもマーケティングが存在していた。

松村氏がある企業の社員研修で「黒豚のタンゴ」の構想を語ったところ、この店名で笑った人はその会場のなかで自分と同じ世代の管理職だけだったという。実際にその店名でオープンしたところ、若い世代からの受けが弱いことから、その店名も業態もすぐに切り替えた。

２　ＱＳＣが高度に整った外食企業に成長

また、高い家賃を販促にかかるコストと認識し、銀座をはじめとした一等地に物件を確保することにこだわった。その物件は、状況を見て果敢に業態を変えて、その立地にこだわり続けた。

　ダイヤモンドダイニングは常に「攻め」の展開であった。２００７年３月に大証ヘラクレスに上場。08年ごろには松村氏の故郷である高知への思いを込めて、「坂本龍馬」や「土佐」にこだわるテーマレストランを次々と展開。10年10月に二つとして同じ店をもたないという同社ミッションの「１００店舗１００業態」を達成。グループ会社設立、Ｍ＆Ａによってマルチな企業体質を構築し、15年7月に東証1部に上場した。

　14年3月には、社員の笠松美樹子氏が「第9回Ｓ1サーバーグランプリ」全国大会優勝。同月、農林水産省主催「第22回優良外食産業表彰地産地消推進部門」で農林水産大臣賞を受賞。さらに、同月「東京都食品衛生自主管理認証制度」において外食業界初の「本部認証」を取得した。もはや、ダイヤモンドダイニングはファンタジーとエンターテインメントだけの存在ではなく、「高度にＱＳＣが整っている外食企業」として社会から認められる存在となった。

私は03年以来、ダイヤモンドダイニングの動向をウォッチしてきているが、同社の強さとは、社員の松村氏に対するリスペクトの深さとその共有、そして、変化を感じ取ったときの対応の速さであると認識している。

3 川上と川下を自社でつないだ エー・ピーカンパニー

ダイヤモンドダイニングと同時期に頭角を現したのがエー・ピーカンパニー（以下、ＡＰ）である。同社の特徴はずばり、「商品力」である。

創業は２００１年７月、東京・八王子にオープンした「無国籍創作料理５０１ダイニング」と「ダーツカフェ５０１」であった。この店は初月で初期投資を回収してしまうという大繁盛店であったが、創業社長の米山 久氏はその路線に拘泥せず、フードサービス業の可能性を広げることを模索するようになった。

04年に居酒屋を開業することを決意し、業種と食材の検討を始めた。当時は、03年12月にアメリカでＢＳＥが発生したことによって、日本にアメリカ産牛肉が入らなくなり、日本で動物性たん白質を商う人たちにとって、アメリカ産牛肉に代わる食材を発掘することが急務となっていた。

米山氏が想定していた大衆居酒屋アッパーの業態では、銘柄豚肉と本格焼酎をマッチングした業態が続々と誕生するようになり、「豚しゃぶ鍋」一色の時代となった。当時、私は『飲食店経営』の編集長であったが、私に届く新規出店のＤＭは１日約10通で、そのすべてが「豚しゃぶ鍋と本格焼酎」ということが続いていたものだ。

写真16－2
エー・ピーカンパニーは自社養鶏場の他に
協力農家によって鶏肉を飼育している

写真16－4　看板商品は
サービス力を高める
役割を果たしている

写真16－3　エントランス
からして、村祭りのような
雰囲気を醸し出す

米山氏の口癖は「ありきたりじゃない」である。この信条をもって行動し、遭遇したのが、そのころ宮崎・日南市で誕生した「みやざき地頭鶏（じとっこ）」であった。これは、地元の農業試験場が高齢者の就業対策として開発に取り組んでいた鶏種で、構想25年を経て日の目を見たものだ。

この地鶏は飼育効率の高さ、食味の良さが特徴であった。米山氏はこの食材を現地から安定的に供給しようと交渉を重ねていったが、地元の業者からの勧めもあり、現地に自社養鶏場の「塚田農場」を開設した。しかも、米山氏と仲間たちの手作りである（写真16―2）。

APでは自社養鶏によって、従来の仕入れに対して大きなコストダウンが図られ、同時に通常の地鶏専門店の客単価の半分に相当する３５００円程度で提供できるようになった。養鶏場の名前と同じ居酒屋の「塚田農場」は、このコストパフォーマンスの高さによって多店化していった。東京で消費する鶏肉の量が増えるにともなって、生産地では協力農家が増えていった。

また、店舗のスタッフが現地の生産現場へ研修に赴くことによって、生産者の情熱や、「生き物の命をいただく」という食の本質に感動して、店舗のなかで心を込めたお薦めができるようになった。このマインドをベースに、店舗でスタッフがお客様にサプライズを提供する仕組みが育っていった（写真16―3、4）。

さらに、同社では漁業の分野にも進出した。これは、東京のディナー帯に朝取れの刺し身をお客様に提供するために、現地の漁師に朝早く漁に出てもらい、現地の空港を午前中に出発する飛行機に乗せ、東京のディナー帯に間に合わせるというものだ。

4 6次化で日本全体が活性化するスキーム

ＡＰがつくり上げたスキームは、「東京の飲食店で地方の生産者の産品を使用して、東京の飲食店が繁盛することによって地方での生産者が活性化する」というものだ。これは一つのビジネスモデルとなり、食材の産地を擁する地方自治体が注目するようになった。

ＡＰはこのような事業を展開して、２０１２年9月に東証マザーズに上場、13年9月に東証１部に上場した。

私は12年2月に発行された米山氏の自伝『ありきたりじゃない新・外食』をプロデュースした。実は、この本には1年がかりでまとめた最初の原稿があり、いざ本にまとめる段になったときに、内容がＡＰの会社の実態と合わなくなっていた。その理由は、当初のまとめ方が「企業成長物語」であったからで、その成長のスピードが速すぎた。そこで、その原稿を没にして、ＡＰの事業内容の原点をまとめる方針に変えた。結局、ストーリー展開の骨子がよく整理されたこの本は構想から2年で発行された。これがベースとなって、14年に舞台化されミュージカルも上演された。

その後、地方自治体が仲立ちとなり地方の産品を東京の飲食店で提供するスキームが定着するなど、地方の産地と大消費地東京が結びつく事例が盛んに見られるようになった。

このように、ＡＰが差別化のために手掛けたことは、フードサービス業が６次産業化をけん引するモデルとなった。

第17章

東日本大震災がもたらしたこと

2011年
~日本人が「絆」を深めることでビジネスに発信力がともなう~

2011年3月11日14時46分、三陸沖で東日本大震災が発生した。震源はマグニチュード9・0という非常に大きなエネルギーで、歴史上比類ない被害をもたらした。以来、日本経済に甚大な影響を及ぼし、生活者のライフスタイルや消費が大きく変化した。それにともなって、フードサービス業の世界にも新しい動きが見られるようになった。

「今年の漢字」は例年12月12日、京都・清水寺で発表されるが、11年は「絆」であった。11年は、国内では東日本大震災や台風による大雨被害。海外では、ニュージーランド地震、タイで大洪水などが発生。大規模な災害の経験から、家族や仲間など身近でかけがえのない人との「絆」を改めて認識した一年であった。

1 東日本大震災の後 日本全体に「一体感」が生まれる

東日本大震災の直後、全国的に自粛ムードが漂った。上野公園のお花見や、浅草三社祭など、さまざまな行事が中止になった。しかしながら、その動向に対して「自粛をしないことが経済活動を活発にする」という考え方が広がった。

いたる所で「がんばれ東北!」「がんばれ日本!」

といった文言が盛んに使われ、イベント会場では「東北救済募金活動」が当然のことになった。これらの文言を見るたびに、日本国民としての一体感を覚えたものだ。

日常生活も大きく変化した。計画停電や電力の供給量がカットされることに対応して、一般企業では始業時間を１時間程度早めたり、土日２日連続休業を改めて平日に休日を１日設けたりする事例も見られた。

このようななかで「自粛をしないでほしい」というメッセージをアピールする人たちがいた。その言葉は逆説的であるが、これこそ、日本国民が前向きな姿勢をとるための真実をついていた。

きっかけは２０１１年４月初旬にYouTubeで流れた「ハナサケ！　ニッポン！　被災地岩手から『お花見』のお願い」というものであった。メッセージを発信したのは岩手の蔵元たちで、次のような内容であった。

「このたび東北で起きた大震災で、岩手県は大きな被害を受けました。私の蔵も大きな損害を負いました。義援金や物資もたくさん送っていただきました。本当に感謝をしております。『酒を飲んでいる場合ではない』というのがこの東北の現状ではありますが、このままでは、われわれは経済的な二次被害を大きく受けてしまいます。人々に癒しを与え元気にする日本酒を飲んでいただくことで、われわれ東北を応援していただきたい。ですから、お花見の自粛をしていただくことよりも、お花見をしていただくことの方が有り難いのです。日本酒を飲んで、ぜひ明日の活力にしていただきたい。そして、みなぎった活力を少しでいいので被災地に送っていただきたい。ですから、みなさん、岩手の酒を飲むことで支援をお願いします。」

この想いは大きな共感を呼び、復興支援のために被災地の産品を消費しようという活動に広がった。とくに、放射線の風評被害を受けている地域の野菜の消費を推進しようと有志の集まりやＮＰＯ法人、また、大手小売業などいたる所で展開された。

2 「街を解放する」「街で連帯する」活動が盛んになる

被災地である仙台では、２０１１年10月10日に「せんコン」が開催された。これは、06年ごろから地方都市で行われるようになった商店街ぐるみで行う不特定多数による合コンのいわゆる「街コン」である。せんコンでは仙台市内の43の飲食店が協力し、約１４００人が参加した。

これがきっかけとなり、「東北食の力プロジェクト」が立ち上がった。せんコンの運営に協力した人々に食の分野の人が多かったということもあり、せんコン以降も交流を重ねるなかで、お客様とともにより地域の食材を生かしていこうという志が集まった。

せんコンから5カ月後、東日本大震災から丸１年の12年3月11日には、「あるきだそう」をサブタイトルとした「復魂」を開催した。ここでは、復旧したキリンビール仙台工場で黙とうを捧げ、市内の飲食店で献杯した。

さらに、東北食の力プロジェクトでは地域の地酒と地域の産品を組み合わせるなどのイベントを模索して、13年6月23日に「海と大地のおくりも

写真 17 －１　「東北食の力プロジェクト」の「海と大地のおくりもの」は「いしのまきフェア」に発展し定期開催している

写真 17 －２
「食べないと飲まナイト」は、
街を開放する、街で連帯するイベント

の」を開催、仙台市内中心部のアーケード街を会場にして行政、外食、生産者が三位一体となって消費者に発信した（写真17―1）。

せんコンよりさかのぼるが、11年の5月10日と11日、東京の上野・湯島地区で「第1回食べないと飲まナイト（通称、食べ飲ま）」が開催された（写真17―2）。これはこのエリアの飲食店40店舗が参加し、5店3500円（1店当たり700円）のクーポン券を発行。事務局ではパンフレットを用意して、手に取ったお客様が思い思いに食べ歩き飲み歩きするというイベントである。第1回開催が評判を呼び、東京・神楽坂、東京・赤坂、広島などへ開催地区が広がっていった。

このイベントのポイントは、「街を開放する」ということである。商店街や歓楽街は運命共同体であり、イベントによって街を訪れたお客様にこ

写真17－3
「VERANDA」では生産者が
お客様をもてなすイベントを定例化

の街の魅力を知ってもらい、リピーターになってもらうことを狙いとしている。そのために「街で連帯する」という考え方に、たくさんの人が共感するようになった。

3 飲食事業者が生産者との結びつきを深める

　震災以降、仙台の飲食店のなかには、近郊の漁業者・農業者との結びつきを深くするところが増えていった。そのなかの一つ、カフェクリエイト（八尋 豊社長）では、同社のフレンチレストラン「VERANDA」で毎月1回「こせがれビュッフェ」を開催するようになった（写真17―3）。

　これは、宮城県下の農業者の若者たちに産品を持ち寄ってもらい、同店の料理長と一緒にこれらを活用したメニューを考えて、お客様をおもてなしするというイベントである。お客様にとっても近郊の農業者に親近感を抱き、リピーターにつながった。ここで直接お米を送ってほしいと交渉するお客様もいるという。

　先の東北食の力プロジェクト理事長を務める佐々木浩史氏は、飲食店を展開するスタイルスグループを経営し、積極的に三陸の魚介類を提供するようになった。仙台市内の店舗は元より、14年5月には東京・人形町に「三陸天海のろばた」をオープンして、宮城県下の酒蔵の日本酒を揃えるなど、東北の魅力をダイナミックに伝えている。

　これらの事例は一端であるが、震災以降に飲食事業者と生産者とのつながりは時間を経るにつれて強くなってきている。震災がきっかけとなり、「6次産業化の絆」が深まったといえるだろう。

４ 「お客様の笑顔を取り戻す」活動が企業文化となる

　復興に向けた活気づくりを飲食店から放っていこうと考え、それを企業文化につなげた例としてワンダーテーブルのことを紹介しよう。現在、同社では「ビッグスマイル」という言葉を企業文化のキーワードとしている。

　それが生まれた背景は、震災直後の飲食店の雰囲気が暗く沈んでいたことからだ。この状態を何とか乗り越えようと、社内で議論しているうちにひらめいた言葉が「ビッグスマイル」であった。そして、「もう一度お客様の笑顔を取り戻したい。だからわれわれがしっかりと笑顔でお迎えして、お客様を元気にしよう。お客様も巻き込んで、ビッグなスマイルの輪を広げよう」という発想に膨らんでいった。

　こうして生まれた「ビッグスマイル」プロジェクトは２０１１年の３月18日から１カ月間の限定で第１弾が行われた。これは、スタッフ全員で満面の笑顔を心掛けて、全店売上げの１％を被災地に寄付をするということだ。これによって約１０００万円を寄付することができた。

　第２弾は、同社の業態ごとに取り組んだ。ある店はデザート１品につき50円を寄付する。また、メインメニューの売上げの10％を寄付するというキャンペーンであった。これによって店全体に活気が生まれて、１カ月間の実施で約３００万円を寄付することができた。

　さらに、社内のキャンペーンとして第３弾を考えた。これはスマイルの講師を招いて、スマイルの作り方とその仕組みを幹部が学び、その後SV、店長クラスが学び、ノウハウを店舗に持ち帰って現場のスタッフをトレーニングした。これらは、「ビッグスマイルバッジ」を付与することによって自己啓発を仕組み化している。

こうして、常に「ビッグスマイル」を唱えるようになった同社では、16年3月からアルバイト向けの「キャリアアップセミナー」を月1回のペースで開催。主な対象者として大学3年生を想定し、ここに参加するだけで、現場ですぐに役立つ心構えやコツ、さらに、就職活動や社会人として必要な第一印象の磨き方が身につくようにしている。

CSR活動が企業文化づくりの具体的活動につながった事例である。

第18章

俺のイタリアン、俺のフレンチ

２０１１年
～アイデアに満ちた経営者が繰り出す　インパクトのある業態～

1　16・5坪で月商１９００万円のなぜ？

２０１１年9月、新橋に「俺のイタリアン（以下、「俺の～」）」がオープンした。しばらくの間はそれほど注目されない店であったが、その年の暮れが近づくにつれて、行列が絶えない店になった。当時のＳＮＳはfacebookよりもTwitterが主流であったが、同店の繁盛ぶりについては夜ごとそこから投稿されることが多くなった。

人は新しいものに飛びつくものだが、「俺の～」の1号店の場合2時間の行列に並ぶことは普通のことであった。同店の料理を目の前にすると、２時間待った苦労が一気に飛んでいってしまうからである。「俺の～」はウエーティングからレストランのレジャーが始まっていた（写真18―1）。この店は16・5坪の規模で、月商で１９００万円を記録したことがある。実に、坪月商１１５万円である。

何が、それほどの魅力なのか。

それは、星付きシェフによる高級レストランの料理を2分の1の価格で食べられることだ（写真18―2）。以下はその一例である。

・「田舎パテ」４８０円
・「トリュフと温泉卵のポテトサラダ」５８０円

・「ピッツァマルゲリータ」５８０円
・「トリュフとフォアグラのリゾット」１１００円
・「オマール海老とトリュフのリゾット」９８０円
・「フォアグラのポアレ林檎を使ったスタイルで」９８０円

（※メニュー、価格は11年9月当時のもの）

ただし、この価格設定には理由がある。それは、立って食べるということが条件となっている。

このアイデアは同店経営者の坂本 孝氏のものである。坂本氏は飲食事業の立ち上げメンバーとともに、画期的なフードサービス業の業態設計を模索していて、不景気だといわれながらも繁盛している飲食店は「立ち飲み居酒屋」と「星付きシェフのレストラン」であることに気がついた。そこで、「この両方をくっつけてしまおう」と考えた。

写真18－1 「俺のイタリアン」１号店

写真18－2
「牛フィレとフォアグラの
ロッシーニ トリュフソース」1280円

そして坂本氏は、華やかな修業のキャリアをもち、著名な高級レストランのシェフやスーシェフをスカウトして、それぞれのシェフが作り出すクオリティの高い料理と、驚くような価格の低さのギャップをアピールした（写真18―3）。

「俺の～」でこのような食事をしても、客単価が4000円を超えることはない。フードの原価率は90％近く、なかには100％を超えるメニューがあることもアピールしていたが、それでも利益が出せるのは「立って食べる」という高い坪効率と、粗利益が高いフードメニューやワインのおすすめによる粗利ミックスの賜物である。

これは「経営技術の勝利」というものだ。

しかしながら、このような売り方は坂本氏が必要とする一流レストランのシェフにとって、当初屈辱的なことであったらしい。

写真18－3
これまで有名店でキャリアを積んできた人がおもてなししていることをアピール

坂本氏はスカウトした料理人たちのそのような想いを解消するために、自分が理想としている店に連れて行った。

定番は、東京・勝どきにある「かねます」だった。かねますでは、ウニ、牛刺し、フグの白子、エイヒレなどを使用した一品料理を提供し、立って食べるスタイルで、客単価4000円程度である。午後4時オープンであるが、オープン前にすでに行列ができていて、それ以降はパンパンの繁盛状態が続く。

同店は立ち食いであるが、お客様を強烈に引きつけている様子を目の当たりにすることによって、連れて行った料理人たちは、「こんな店をやってみたい」という思いを坂本氏に訴えるようになったという。

2 ブックオフ創業者がフードサービス業に挑む

私は商業界に在籍していたときに、「俺の～」を展開する俺の㈱の坂本 孝社長の本『俺のイタリアン、俺のフレンチ』をプロデュースした。発行は２０１３年４月で、16年５月の段階で12刷、計約４万部となっている。

この本をプロデュースすることになったきっかけは、12年９月29日のことであった。当時「俺のイタリアン」神谷町店がオープンしたばかりで、「俺の～」がオフィス街に出店したということと、テーブル席があることも話題になっていた。

同店は、以前「八重洲串や」という焼き鳥店であった。その店はデザイン的に少し洗練された雰囲気があったが、焼き鳥１本１５０円程度で商品的に斬新なものはなく、いつの間にか閉店して新しい工事に取りかかっていた。私は、その焼き鳥店が俺の㈱の前身であるVALUE CREATE㈱の経営であることを知っていて、その工事の後に誕生する店は「俺の～」であることは予想がついていた。

さて、その日の夕方、友人Nより電話があり、「俺のイタリアンの神谷町店にいるから飲みにこないか」という。行くと妙齢な女性が同席していた。食事が進むにつれて彼女から坂本氏の本作成の話題が持ち込まれた。

私は自分の本づくりの経験則から、そのプロジェクトが立ち上がって完成するまでに最短で４カ月間を要する。当時の「俺の～」に対する印象を率直に述べると、その繁盛ぶりは一過性のものであり、12年10月から4カ月後の13年1月ごろには「俺の〜」ブームは沈静化しているのではないかと思っていた。そこで、彼女の提案に私はのらりくらりと対応していた。

とはいえ、「俺の〜」を展開する坂本氏は中古書籍流通のブックオフコーポレーション（以下、ブックオフ）の創業者である。ブックオフを退任することになった背景にはさまざまなスキャンダルがあったようだが、それはさておき「ブックオフ会長を退任した後、しばらく社会から消えていた坂本氏が、再びの大活躍！」というドラマ性が素晴らしいと思うようになった。そしてその深夜、私は彼女に詫びのメールを送り、本の企画書を速攻で送った。

3 一流の料理人を寄せ集める求心力

坂本氏の本づくりの収録がスタートしたのは２０１２年10月の中旬、収録場所は東京・赤羽橋の病院であった。坂本氏はこの年の6月に事故で頸椎に支障をきたし、同病院でリハビリに励んでいた。病室のなかには同社の役員、秘書をはじめ幹部社員がいつも揃っていて、戦場の司令塔のようであった。

坂本氏はリハビリを終えた後、収録にのぞまれるのだが、疲れた表情を見せずに、はっきりとした口調で、ときには落語家のような語りでストーリーを展開された。厳しい表情を見せるときもあったが、笑いを誘うときの表情はお茶目だった。

本づくりが佳境に入った13年1月、私は同社の決起集会に招かれた。場所は銀座にある質素な宴会場。会場には一見して接客や調理の世界のベテランとわかる人たちが約50人集まっていた。彼らの表情には、「新しいことを始めるのだ」という輝きがあった。

決起集会のプログラムは、各人の決意表明で構成されていた。それぞれ著名なレストランで活躍をしていたという料理人、ソムリエ約10人が、次々と登壇し、坂本社長の下で、新しいビジネスにチャレンジできる喜びを述べていった。

最後の局面となり、立ち上げメンバーの一人がこう語った。

「楽をしながら素晴らしい料理人として大成している人なんていません。今やっていることが大変であればあるほど、将来の蓄積になると信じています。一人でも多くの仲間にそう思っていただけるように、理念が共有できる組織を作り上げることができるのであれば、喜んで人生を捧げます。」

続いて、この集会を締める立場で壇上に上がったもう一人の立ち上げメンバーは、こう語った。

「ならば、私も地獄の果てまでもお付き合いします。」

そして、「将来、株式を公開して大きな夢をつかみ取ろう」と訴えかけて決起集会は終了した。

ベテランの各人はまた今日も長い行列ができる各店に赴いて行った。私はこの決起集会に、求心力の作り方の一つを見た。

4 ジャズライブのある新しいエンターテインメント空間

その後「俺の～」では有名シェフを次々と獲得

して、料理ジャンルも、フレンチ、焼き鳥、焼き肉、そば、おでんと広げていった。14年に入ると「俺のフレンチ・イタリアンＡＯＹＡＭＡ」や、「俺の揚子江」のように70坪クラスの大型店もオープンした。

「俺の～」の展開当初は、１階路面の小型物件であったことから、厨房のキャパシティーが小さかった。そこで、「俺の～」の特徴であるトリュフやオマール、牛フィレなどを使用した憧れのメニューをたくさんつくることができないために、数量限定で提供していた。その後、厨房が大きく取れるようになったことから大量調理機器を導入するようになり、数量限定でなくフルに、しかも早く提供できるようになった。収容人数も１００人を超えることからウエーティングも短くなり、大型化することによって顧客満足度は上がって

写真18－4
大型店ではライブステージが
定番となった

いった。

同時に、店内でジャズライブが定番化するようになった。これによって、「俺の～」ならではの新しいエンターテインメントを醸し出すようになった（写真18―4）。

とはいえ、「俺の～」の本領はフードサービス業の価格破壊である。高級店の「がんばった自分へのごちそう」を「立って食べる」というスタイルは、価値観の大いなる転換である。

そして、これまでにない価値観のレストランは、近接して出店しても衰えることなく繁盛を続けた。「俺の～」が銀座を「行列が目立つ街」に変えた。

第19章 外食・中食のボーダーレス現象

２０１３年
～「売り方」と「売り物」を組み立て直すことで可能性が広がる～

本書の「序章」のなかで、外食全体の市場が漸減していながらも「中食」が増えていることの理由について述べた。この現象は、生活者が自分の生活行動を優先するときに飲食する場所がポイントとなっている。

生活者は家や仕事場で食事をするとき、自分で料理をつくらない、ないし自前の弁当を持ってきていない場合は惣菜・弁当を買うことになる。それを販売する店が目に見えて増えてきている。

とくに、全国約５万５０００店のコンビニは、立地も便利な場所にあるのでよく目立つ。そこで、客単価が１０００円以内のファストフード（ＦＦ）やファミリーレストラン（ＦＲ）の業態が、自店の業績が芳しくなくなると「コンビニに食われている」という言い方をしがちになる。外食の領域を中食が浸食しているということだ。

１ コンビニが限りなく飲食店に近づく

その現象を象徴するのが「セブンカフェ」だ。これはセブン‐イレブンが２０１３年１月から発売した店内淹れたてのコーヒーのことで、ホットコーヒー（Ｒ）１００円、（Ｌ）１５０円、アイスコーヒー（Ｒ）１００円、（Ｌ）１８０円となっている。これは税込価格で、しかも消費税5%が14年4月に8%に引き上げられても変えていない。セブン-イレブン・ジャパンの14年12月3日のニュースリリースでは、「2014年度（2月期）の累計販売数が11月に5億杯を突破して、15年2月末には7億杯（見込）」とある。この売れ行きには、ほかのコンビニチェーンも追随するようになり、淹れたてのコーヒーはコンビニの定番商品となった。

　コンビニではコーヒーが販売される前から揚げ物、おでん、肉まんなどカウンター商品が充実するようになっていた。人気店のラーメンをカップラーメンにしたり、甘さを抑えたスイーツの品揃えを豊富にしたりと、飲食店が担っている市場にコンビニは果敢に挑んでいる。

　さらに、イートインスペースを設けるコンビニが多くなり、購入したフード・ドリンクを店内で飲食できる事例が増えてきた。また、ミニストップの「cisca」、サークルKサンクスの「K's CAFE」、スリーエフの「gooz」など、出来たて、淹れたてで、特別感があるフードやドリンクを充実させた業態開発も見られた。

2 コンビニは飲食店のよきパートナー

　このように、「限りなく飲食店に近くなった」コンビニにフジオフードシステムが参入した。2014年7月東京・東池袋に「ファミリーマート+まいどおおきに食堂」がオープン。同店は、一つ屋根の下にコンビニと飲食店が合体したものである。店舗面積71坪でファミリーマートの売場面積は55坪。まいどおおきに食堂のスペースにはカウンターを目の前にしたオープンキッチンがあり、イートインスペースは13席。まいどおおきに食堂の既存店はカフェテリア方式の定食店であるが、ここではセットメニュー、単品メニューを提供し、持ち帰り用の量り売り惣菜もある。イートインでは、コンビニで購入したアルコールを飲むことができる。

さらに、イートアンドが15年10月にローソンに加盟し、1号店を同年12月東京・お台場海浜公園にオープンした。同社の主力業態は大衆中華料理の「大阪王将」であるが、同ブランドでは宅配の機能をもっていて、ここのコンビニに導入している。店内に大阪王将のキッチンがあり、電話で受けたオーダーはここで調理してバイクに乗せて届ける。店内にはイートインスペースがあるので、

写真19－1
東京・お台場の「ローソン」と
「大阪王将」のコラボ店

そこでも食べることができ、持ち帰りもできる（写真19―1）。

私はオープンして間もない同店を取材した。そのときにはコンビニの商品（文房具や日用品など）の宅配は行っていなかったが、その後展開する過程で、そのようなサービスは試みられていくのではないか。

この二つの事例は、コンビニを敵視していた飲食業がコンビニのなかに入り、既存のコンビニだけではもちえないサービスを提供している。

3　「ちょい飲み」が利用動機と客層を拡大

飲食店とコンビニのハイブリッド型が誕生する一方で、「ボーダーレス」の現象も顕著になった。

この象徴は「ちょい飲み」である。これは、アルコールの提供を積極的に行ってこなかったファストフード（ＦＦ）やファミリーレストラン（ＦＲ）が、お客様にアルコールを楽しんでもらうようにアルコールとつまみを充実させることだ。吉野家が２０１３年7月に東京・神田駅店で「吉呑み」を始めてから、たちまちにしてほかの和風ＦＦ（丼、定食など）チェーンに広がっていった（写真19―2）。

吉呑みはちょい飲みの元祖ということで、吉呑みを詳しく紹介しよう。

吉呑みは駅近くの２階建て店舗で、夕方以降稼働状況が弱くなる２階部分で営業する（その後、この条件はなくなり、さまざまな立地で営業するようになった）。つまみは、吉野家ないし吉野家グループの飲食店で提供されているメ

写真19－2
「吉野家」の「吉呑み」実施店舗

ニューで構成されて、新しく開発したものはない。吉呑みを始めるために必要な投資は、吉呑みのちょうちんと、生ビールのディスペンサー程度である。日本酒、焼酎もあるがプレミアムなものではない。プレミアムな酒を置くと、それを飲むことが目的となってしまうためにノンブランドであることがポイントである。あくまでも「ちょい」と飲める店なのである。私は14年の夏に東京・西五反田一丁目店で取材をしたが、広報の担当者は「吉呑みは新業態ではない」「吉呑みは居酒屋ではない」ということを盛んに強調していた。

これまで飲食店にとって、売上げを上げるためにプロモーションを行い、新メニューを投入し、また、新業態を展開し、ということになるのが常であったが、ちょい飲みは既存の商品の利用動機を変えただけである。そして、ちょい飲みを行う

FFやFRでは客層が広がった。

4　弁当・惣菜店における イートインの威力

コンビニの台頭に触発を受けた事例として、オリジン東秀の「オリジン弁当」があげられる。

オリジン弁当の1号店は1994年神奈川・川崎にオープンしたが、以来「中食のエース」として常に注目されてきた。オリジン弁当が中食のエースたるゆえんは、86年に施行された男女雇用機会均等法に関連している。

この法律によって女性の社会進出は一気に広がり、同時に働く女性が家庭で料理を作る機会が減っていった。

オリジン弁当が誕生したときに、アメリカからやってきた「ホームミールリプレイスメント（HMR）」ないし「ミールソリューション」という概念が食品小売業の世界で盛んに流布されるようになった。

前者は「家庭食の代わり」、後者は「食事の解決」である。このように、アメリカでも働く女性がメジャーになっていくことで、弁当・惣菜のビジネスが活発になっていたのである。

この分野は先のコンビニに加え、多くの食品小売業で充実するようになっていった。そこで、同社は新プロジェクトを2013年の夏に立ち上げて、14年2月から「キッチンオリジン」の展開を始めた（写真19―3）。キッチンオリジンはオリジン弁当から転換することが一番の狙いで、続々と転換していった。私がこの動向を取材したのは15年1月だが、首都圏・関西で500店舗中

写真19－3
「オリジン弁当」はリニューアルによって
生産性を高めた

１５０店舗がキッチンオリジンに転換していた。

オリジン弁当からキッチンオリジンに変わるポイントは以下のとおり。店頭をＰＯＰなデザインにして、店内の色調をダークブラウンへ。陳列のケースを２段から３段へ、さらに、惣菜を盛るプレートを縦長にして、これまで12品目だった惣菜を24品目に増やす。出来たての弁当を待つ人のウエーティングスペースを設ける、ということだ。これによって売上げは１２０％に伸びるという。

さらに、可能な限りイートインスペースを設ける。イートインスペースにはアルコールもあり、キッチンオリジンが得意とする惣菜をつまみに、ちょい飲みすることができる。

5 「ちょい飲み」は チェーン店と地域社会を結ぶ

２０１５年９月、京王線調布駅近くにすかいらーくが「ゆめあん食堂」をオープンした。基本は定食店であるが「あご出汁」というキラーコンテンツによって、「あご出汁うどん」４８０円が全体出数の約40%を占めていた。加えて、テイクアウトをアピールしていた。ここでも「ちょい飲み」は客層拡大に大きく貢献している（写真19―４）。

１９９２年に始まった低価格路線の「ガスト現象」は、類似業態がいたるところに広がり一世を風靡《ふうび》したものだが、ついぞその業態を示す一般名詞は誕生することなく消えていった。一方、13年からその売り方を試みる店が広がった「ちょい飲

写真19－４
ちょい飲みに加え弁当販売も行う
「ゆめあん食堂」

み」は、提供方法が当たり前のように根を下ろして、この言葉も定着している。それだけお客様に歓迎されて、収益性も安定しているということであろう。

「ちょい飲み」は利用動機を広げ、客層も拡大すると述べたが、それとともにチェーン店が地域社会により融合しやすくなった。

第20章

「高品質化」「多様化」へ

2014年
～「マスマーチャンダイジング」から離反し新しい市場を生み出す～

2014年7月に、ショッキングなニュースが報じられた。「マクドナルド」が、中国の食肉工場による使用期限が過ぎた鶏肉を使用していたという。これが端緒となり、マクドナルドには不運なことが度重なっていった。

それは「異物混入」である。実際に起きて報道されたもの、また、真偽は定かではなくWeb上に投稿されたものなどさまざまであったが、いずれにせよ、マクドナルドは大多数のお客様から信頼をなくしていった。

このことも含めて、マクドナルドは14年2月から既存店・全店ともに売上高が前年同月比100％を割り込むようになり、15年1月には60％近くまで落ち込んだ。

15年12月期の日本マクドナルドホールディングスは347億円の赤字となり、14年12月期の218億の赤字に続き2期連続で赤字となった。

また、15年12月期には不採算店や契約満了にともない、全店の6～7％に相当する190店舗を閉店した（マクドナルドは32カ月連続前年同月比減を経験したが、15年12月度に既存店は100％クリアした）。

1　ファストフードが「高品質化」「高価格化」路線へ

マクドナルドが業績を悪化させていた一方で、ファストフード（ＦＦ）のハンバーガー市場が多様化する現象が顕在化してきた。

　それを象徴するのは、ニューヨーク発のグルメバーガー「シェイクシャック」の日本上陸である。２０１５年11月13日、観光地でもある東京・外苑前のいちょう並木にオープンした。運営は日本でスターバックスコーヒーを１０００店に成長させたサザビーリーグである。

　ちなみに、サザビーリーグとアメリカのスターバックス本社との合弁であるスターバックスコーヒージャパンは、スターバックス本社が14年に株

写真20－1
米国発のグルメバーガーブランド
「シェイクシャック」

式公開買い付け（ＴＯＢ）を行いアメリカの完全子会社となった。

シェイクシャックの特徴はハンバーガーが６８０円（税込）とこれまで日本のハンバーガーの価格の常識とされていたものよりも高いことだ。クラフトビールやワインも販売して、「ＦＦのハンバーガー＝子どもの食べ物」ではなく、「大人の店」というイメージをもたらした（写真20―1）。

ちなみに、シェイクシャックのミッションは「Stand for Something Good」というものだ。これは「シェイクシャックに関係するすべてのものをより良くしていく」という理念の下、安全・安心な食材を使用したり、地球環境に優しい店舗デザインや、地域で文化的・教育的な取組みを行う住民やＮＰＯ団体と連携し、売上げの一部を寄付するなどコミュニティを支える、ということである。

このようなコーズ・リレーテッド・マーケティング（ＣＲＭ：社会貢献とマーケティングを結びつけた手法）も、これまでのＦＦにはない斬新なアピールである。

2 「高品質化」「高価格化」路線が新しい客層を生み出す

シェイクシャックに限らず、日本のＦＦハンバーガー各チェーンともに「高品質化」「高価格化」の傾向を示していった。要するに、「おいしくなったけど少し高くなった」ということである。たとえば「モスバーガー」「フレッシュネスバーガー」は、キャンペーンなどで５５０円（税込）、７６０円（税別）といった商品を投入して客単価を10％

以上引き上げた。これによって客数は若干下がったが、売上高は100%をクリアしていった。

このような傾向をもたらした背景には、まず、原材料費や人件費の高騰があげられる。さらに、第19章で述べたとおり「中食」と呼ばれるコンビニやスーパーの惣菜・弁当の販売が活発化するようになり、外食がこれらの商品と差別化する必要が出てきた。外食（飲食店）は、これらと比べて価格の競争力や利便性という点では劣るが、「おいしい食べ物をつくる」というノウハウが存在している。そこで、より品質の高い食材を使用して、よりおいしい商品をつくり、価格は高くなるが、コンビニやスーパーにはない商品を提供するようになった。

その事例として、モスフードサービスが東京・千駄ヶ谷に2015年11月オープンした「モスクラシック」のことを述べよう。

同店のハンバーガーは900円（ポテトフライ付き・税込）であるが、オーダーが入ってからオープンキッチンの鉄板でミートを丁寧に焼き上げる。また、コーヒーを光サイフォンで淹れるなど手間暇をかけている。日中はカフェとしての利用客が多いが、ディナー帯の方が込み合うという、これまでのハンバーガーショップにはまったく存在しない光景が見られる。外食（飲食店）がよりクオリティの高い商品を提案することで、新しい利用動機を発掘した。

3 コーヒーの「サードウェーブ」が登場

シェイクシャック日本上陸と同じ年の2015

年2月、カリフォルニア州オークランド発の「ブルーボトルコーヒー」が東京・清澄白河にオープンした。同業態はコーヒー専門店であるが、「サードウェーブ」（第3の波）というトレンドの象徴であった。

ここで、コーヒーの第1の波から順を追って紹介しよう。

第1の波とは、19世紀の後半から1960年代に続くコーヒーの大量生産・大量消費の時代。物流が発達したことから、手軽に楽しめる嗜好品となり、「アメリカンコーヒー」という飲み方やインスタントコーヒーによって親しまれた。

第2の波は、60年代以降にシアトル系コーヒーチェーンによって広まった、高品質深煎りのコーヒーの時代。カフェラテが普及した。

そして、第3の波とはコーヒーの生産地への配慮や価値が注目され、豆の素材や淹れ方などの工程にこだわるようになった時代。コーヒーはハンドドリップで1杯ずつ丁寧に淹れるのが特徴だが、これは日本の「純喫茶」の淹れ方に倣ったといわれる。コーヒーの産地では、フェアトレードが定着するようになった。

フェアトレードとは、発展途上国でつくられた作物や製品を適正な価格で継続的に取引することによって、持続可能な開発と生産者の生活向上を支える仕組みである。たとえば、現地に小学校や病院を寄贈することもその一環である。

このように、コーヒーの歴史をたどると、貴重な存在であったものが大衆化して日常的なものとなり、そして、高品質かつアナログに回帰している。食に関わる潮流は、総じてこのような傾向を示すようになった。

4 高品質のクラフトビールが急速に広がる

クラフトビールの動向も顕著になった。国内ビールメーカーのビール出荷量は１９９４年以降減少傾向にあるが、一方で、国税庁が２０１４年度末に発表した「地ビール・発泡酒の製造概況調査」によると、メーカー１６６社の平均販売額は約８７００万円となり、13年と比べると14％増加している。15年に入ると、大手ビールメーカーがクラフトビールを本格的に製造・販売するようになった。

日本のクラフトビール業界の沿革をざっと述べるとこうだ。始まりは94年の酒税法改正で、年間の最低製造量が２０００kℓから60kℓに引き下げら

写真20－2
クラフトビール醸造所併設レストラン
「スプリングバレーブルワリー」

れたことによって各地に小規模製造所が誕生するようになり、ビール造りを開始した。ここから「地ビール」という名称で広まった。98年ごろにメーカーは３５０カ所となりピークを迎えた。

その後、00年ごろから相次いで閉鎖するところが増えていったが、07年ごろから醸造技術の高いビール職人によって、高品質で特徴のあるビールが続々と登場するようになった。こうして「地ビール」は「クラフトビール」と呼ばれるようになった。そして11年ごろからコンビニやスーパーでも販売されるようになった。

15年3月にキリンビール１００％出資のスプリングバレーブルワリーが設立され、神奈川・横浜と東京・代官山の2カ所にブルワリー（小規模ビール醸造所）を併設したレストランをオープンした。ここでは、既存のスタイル（種類）にはないクラフトビールが体験できるほか、ビールとフードのペアリング、カスタマービール、テイスティングやペアリングなどが体験できる。大手メーカーがクラフトビールに参入したというとらえ方ではなく、「ビール文化」を豊かにする活動を展開している（写真20―2）。

5　価格ではなく、由来や品質、あるべき工程に「価値」を感じさせる

ここまでFF、コーヒーショップ、クラフトビールの動向をざっと述べたが、これらはフードサービス業に関わるマーケティングが「マス・マーチャンダイジングから離反した」ということがいえる。

マス・マーチャンダイジングとは、標準化した商品を大量につくることによってお客様に安く提

供するということだ。安く売ることがお客様にとっての価値となった。このマーケティングは人口が右肩上がりでマーケットがとらえやすいとされた時代にはとても有効だったが、少子高齢化と人口減少に入りマーケットが多様化している時代にはそぐわないものとなった。

さらに、お客様は外食の経験が豊富になって、標準化された商品を拒むようになってきた。食材の由来と品質がしっかりしている、調理工程に手間暇がかかっているということを尊重するようになり、同じ商品であれば多少高くてもこちらの方に価値を感じるようになった。

これらが2010年代半ばあたりから「食」マーケットのメインテーマになっている。

第21章

2020年に向けて

２０２０年
～人材採用難を解決する発想と急増するインバウンドへの対策～

２０１３年９月７日、ブエノスアイレス（アルゼンチン）で開催されたＩＯＣ総会で、20年に東京オリンピックが開催されることが決まった。このプレゼンテーションで滝川クリステル氏が笑顔とともに披露した「お・も・て・な・し」は、会場にいる審査員に日本の神秘的な魅力を伝えることができたようだ。

日本で流れたその映像は、国民に日本がこれから観光立国として進んでいくことの思いを強くさせたようだ。ここから日本は「２０２０年」という明確な目標をもつことができた。

1　少子高齢化が進み「人材採用難」が深刻化

しかしながら、日本は少子高齢化と人口減少の状態にある。２０１５年10月１日時点で日本の総人口（外国人含む）は１億２７１１万４７人と、５年前に比べて94万７３０５人（０・７％）減少した（国勢調査）。日本の人口が減るのは１９２０年の調査開始以来、初のことであるという。この現象が示すように、あらゆる業界に「人が採用できない」「労働力不足」ということが大きな問題としてのしかかった。

とくに、「オリンピックまでに」ということを目標とした再開発や設備投資が盛んに行われ、建築業に人材が流れていく。また、通販が発達することにより、物流関係に人材が流れていく。このような形で、社会のインフラが変化することにともなって、減少する労働力を獲得することが熾烈《しれつ》をきわめていった。

　リクルートジョブズのデータによると、少子高齢化の傾向は進み、20年の生産人口年齢（15～64歳）は７３４１万人で、一方の高齢者人口（65歳以上）は３６１２万人、14歳以下人口は１４５７万人と試算されている（15年発表）。日本の人口の4割が非生産人口となるということだ。

　このような環境のなかで、人材採用を代行するビジネスが多様化してきた。求人する企業にとっては採用コストが１人当たり数十万円かかるなど、負担が大きくなっていった。一方で、このような負担を解消して、人材教育に役立てるというビジネスも成立するようになった。

　企業にとって重要なことは、「理念」の存在である。これはいつの時代でも当然のことであるが、人材採用難の傾向が深刻になることによっていっそう重要になっていった。これが求職者に伝わることによって「働いてみたい」きっかけにつながる。その伝え方も重要となる。自社の存在に「共感」してもらうためには、Ｗｅｂでの充実が求められていく。

　外食企業のなかには「ブライダル部門」を擁するところが増えていった。これは、既存のレストランを結婚披露宴会場として活用する事例がほとんどだが、事業規模として小さくても若い女性に「ブライダルプランナー」志望者が多いことも起因している。また、披露宴の形態が多様化してい

写真21－1
一家ダイニングプロジェクトの
ダイナミックなブライダル施設

写真21－2
近年ブライダル事業に参入する
外食企業が増えている

る傾向から、ブライダル専門業者にはない提案ができる環境もある（写真21―1、2）。

　このような飲食企業は、リクルートに向けて飲食業であると同時に、ブライダルも展開する「ホスピタリティを追求する会社」ということをアピールし、ブランディングしている。

2 「働き方改革」から新しい労働市場を発掘

　人材採用難について、先のリクルートジョブズでは「働き方改革」という視点から新しい労働市場を発掘し、それを活用することを提案している。

　それはまず、「ありのママ採用」。これは、子育てを終えたミドル層女性の活用である。この層は家事や育児経験から得た「おもてなし力」をもち、母親的思いやりあふれる「マネジメント力」、主婦業務で鍛えた「テキパキ力」がある。若者にもフランクに接する「コミュニケーション力」もある。この層を戦略的に採用することによって飲食に限らずサービス業のさまざまな業態で、職場のモチベーションアップから売上げ拡大まで生かすことが可能となる。

　次に「プチ勤務」。これは、主婦層やシニア層が時間の制約を受けずに、早朝や昼の時間帯に働くことができる「超短時間勤務」が生み出されていることだ。超短時間でも「自分らしく働ける」「〝ありがとう〟が励みになる」という具合に「やりがい」や「働く喜び」を感じる人が増えている。これらの層が職場にいることによって自然とあいさつをする風土ができて、若い世代にも良い影響が出ている。シニア層の従業員が生き生きと働いているところには、シニア層のお客様が増える。

さらに、「多国籍スクラムバイト」。これは、多国籍の人たちで運営される職場である。

２０１３年ごろよりインバウンド（訪日外国人観光客）が急増したが、年々リピーターや個人旅行が増えるなかで、「自身の興味で自由行動する訪日観光客」に対し、彼らのニーズを深く理解した接客・サービスが必要になってきた。

さらに「在留外国人の増加」ということから、彼らは日本で生活する消費者であり、働く人でもあるという認識をもつべきだという。事実、求人情報紙には「英語」「海外」というキーワードが増加しており、また、「留学生」の求人が増加している。

多国籍の職場環境を活性化するのは「人事制度の見直し」であるという。事例によると、すべての従業員に対して、評価の項目を「言語スキル」と「販売スキル」の二つから見る人事制度に変更したところ、「言語スキル」が高い外国人スタッフが「販売スキル」の習得をするようになり、「販売スキル」の高い日本人スタッフも「言語スキル」の習得に励んでいるという。

このように、「多国籍の職場環境」は、日本が真のインターナショナルに移行するためのきっかけといえるのではないか。

３　訪日外国人観光客が予想以上に急増

フードサービス業にとってインバウンドは重要なテーマである。

インバウンドは２０１１年３月11日の東日本大

震災がきっかけとなり急速に冷え込み、この年は６２１万人となった。それが、翌年から増える傾向が見られ、15年の各月は前年同月比30～60％増が継続して、この１年間は１９７４万人となった（観光庁15年）。前年に対して47・１％の増加である。政府は20年までにインバウンド２０００万人という構想を述べていたが、この数は16年には２４００万人となり、20年の目標は４０００万人となった。

このようにインバウンドが急増した要因は、継続的に訪日旅行のプロモーションを展開してきたからであるが、円安によって日本観光の割安感が定着し、各国でビザが大幅緩和されたこと、日本国内での消費税免税制度が拡充したことなどが後押ししている。

インバウンドが重要なことは、日本滞在中の消

写真21－3
インバウンドへの対応は
外食企業にとって急務だ

費にある。

日本国民１人当たりの年間消費金額（定住人口１人当たり年間消費金額）は約１２４万円（総務省・家計調査13年）となっているが、それに対しインバウンドの１人当たり平均消費金額は15年で17万６１６８円（観光庁）となっている。つまり、インバウンド７人分の消費金額（１２３万円）が日本国民１人当たりの消費金額に相当するということだ。

13年ごろから中国人観光客による「爆買い」という言葉が流行語にもなったが、その後すっかり鎮静化し、「コト消費」に移行していった。総じてインバウンドの消費金額は減少していくが、インバウンドの数の増加が全体の消費金額を増やしていく。

また、インバウンドのリピーターが増えること

写真21－4
イスラム教徒を受け入れられる
飲食店も増えた

によって団体旅行から個人旅行（ＦＩＴ）にシフトしてきている。インバウンドの増加をけん引してきた団体客に対応するというビジネスはこれからも継続していくであろう。

そして、インバウンド対策とは冒頭に掲げた「お・も・て・な・し」にほかならない（写真21―3、4）。インバウンドにはそれぞれの国民性があるが、それを理解しつつ、日本の常識やルールを伝えて、飲食を楽しんでいただく受け入れ態勢が必要である。

２０２０年、東京オリンピックによって日本は世界の人々のショールームとなり、インバウンドは大きなピークを迎えることになる。そして、日本経済はそれ以降も継続していく。だから、ここで日本を訪れたインバウンドに「日本は素敵な国だ」と思っていただくため最大限の対応をしなければならない。

インバウンドにとって日本旅行の一番の楽しみは、「食事をすること」である。その役割を担う飲食業は、おいしい食事も素敵なサービスもたくさんの人々に提供する存在である。

日本では飲み物や食べ物を提供する店のことを「飲食店」というが、英語の「restaurant」はラテン語の「restaurāre」（＝回復する）に現在分詞語尾のantがついた「元気を回復する食べ物」を語源としている。英語の動詞にも「修復する」「元気にする」という意味の「restore」がある。

つまり、フードサービス業の本質は、そこに訪れる人を「元気にする」ということだ。だからこそ、この業界に関わっているということは、とても誇り高いことなのである。

—最後に— 飲食業は未来に継続し進化する業界

ここまで私の外食記者歴35年の経験から、近代のフードサービス業の変遷について述べてきた。フードサービス業は人々の「食べる」「飲む」ことを商売としているが、結果的には人々の豊かな生活を実現するためのインフラづくりにつながている。

このような環境づくりのために切磋琢磨している店は、たくさんの人々から評価される。そして地域社会に欠かせない存在となる。このように、フードサービス業は未来に継続し、進化する業界なのである。

出典：（一社）日本フードサービス協会ホームページ
「データから見る外食産業」「外食産業ポケットブック 2016」より

図表１　外食産業の市場規模

外食産業の 50％を超えるシェアを占めているのが飲食店だ。

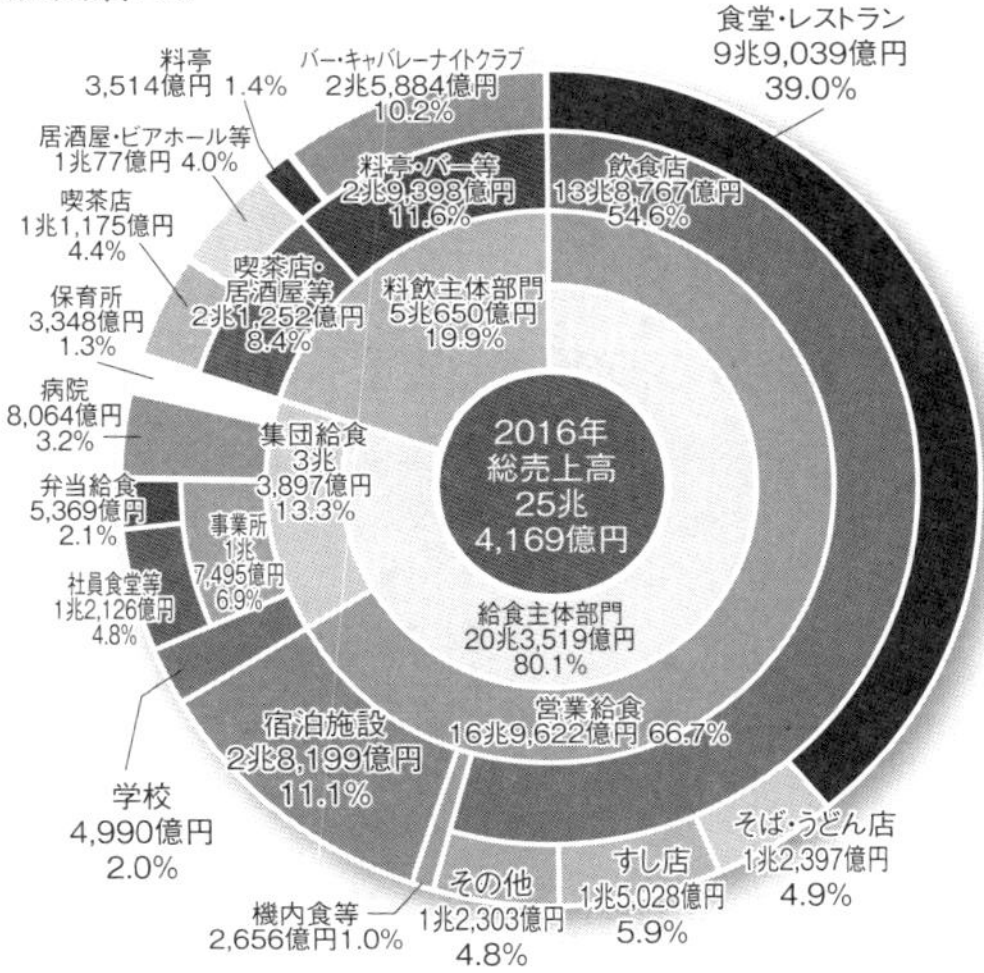

図表２　他産業との比較

外食業の市場規模は、自動車小売業の約 1.8 倍、アパレル業の約 2.6 倍もの規模を誇っている。

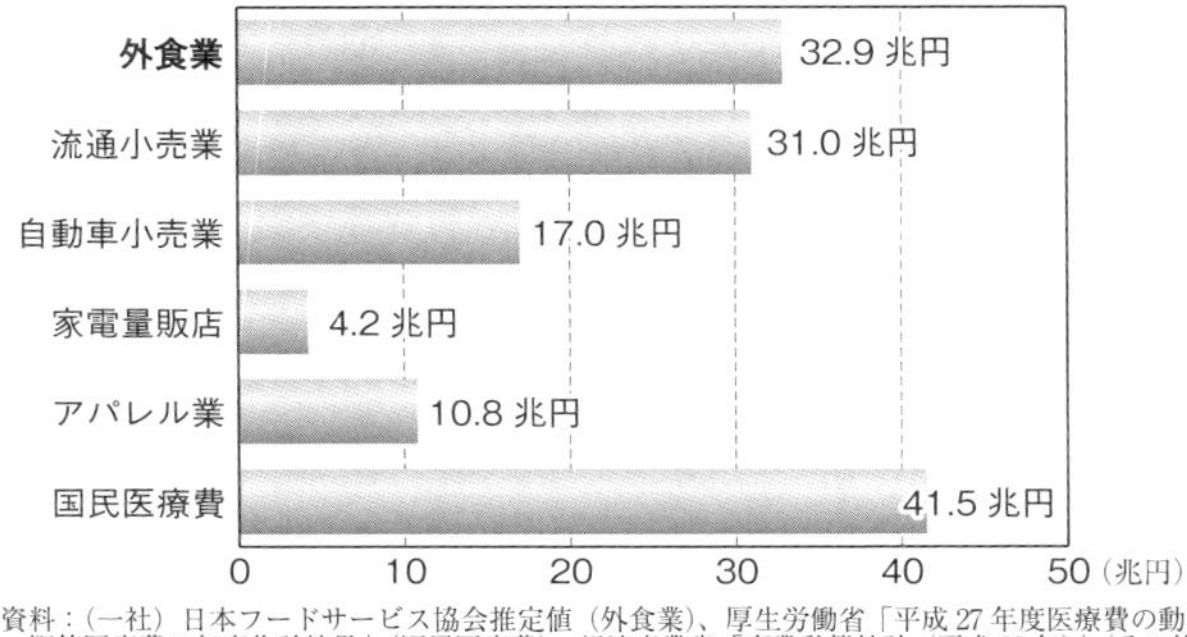

資料：（一社）日本フードサービス協会推定値（外食業）、厚生労働省「平成 27 年度医療費の動向～概算医療費の年度集計結果」（国民医療費）、経済産業省「商業動態統計（平成 28 年）」（その他）
注　：１. 外食業は、外食業（25.4 兆円）と料理品小売業（7.5 兆円）の合計。２. 流通小売業は、百貨店（6.6 兆円）とスーパーマーケット（13.0 兆円）とコンビニエンスストア（11.4 兆円）の合計。

図表３　国内外食店舗数

外食店舗約 62 万カ所、持ち帰り・配達飲食サービス店舗は約５万 6,000 カ所ある。

資料：経済産業省
「平成 26 年経済センサス基礎調査」

図表４　外食産業市場規模の推移

外食産業は 2011 年以降成長を続け、とくに 2013 ～ 15 年まで２～３％の伸びを見せ 25 兆円規模まで回復。料理品小売業と合わせた広義の外食産業全体では 14 年以降 30 兆円を超えている。

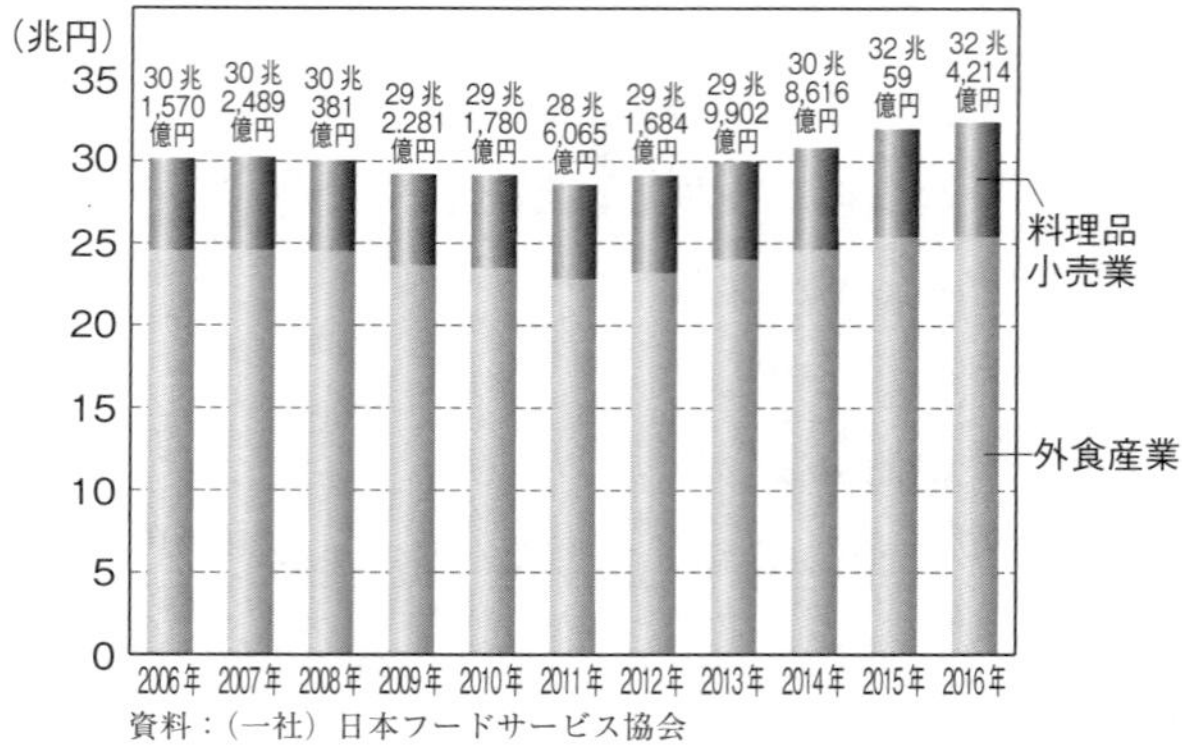

資料：（一社）日本フードサービス協会

図表５　対前年増加率ベスト３（2016年度）

対前年増加率ではファストフードのハンバーガー店を含む「その他の飲食店」が6.3％増でトップだが、増加額では「食堂・レストラン」が1,053億円増で１位。増加率がもっとも低いところは「居酒屋・ビアホール等」の4.9％減で、前回大きく伸びた「宿泊施設」が続いて3.9％減となっている。

順位	部門	増加率	増加額
１位	その他の飲食店	6.3％	731億円
２位	すし店	4.4％	634億円
３位	保育所給食	3.1％	102億円
増加額１位	食堂・レストラン	1.1％	1,053億円
増加率が低い	居酒屋・ビアホール等	▲4.9％	▲519億円

資料：（一社）日本フードサービス協会

図表６　部門別売上げ推移

飲食店

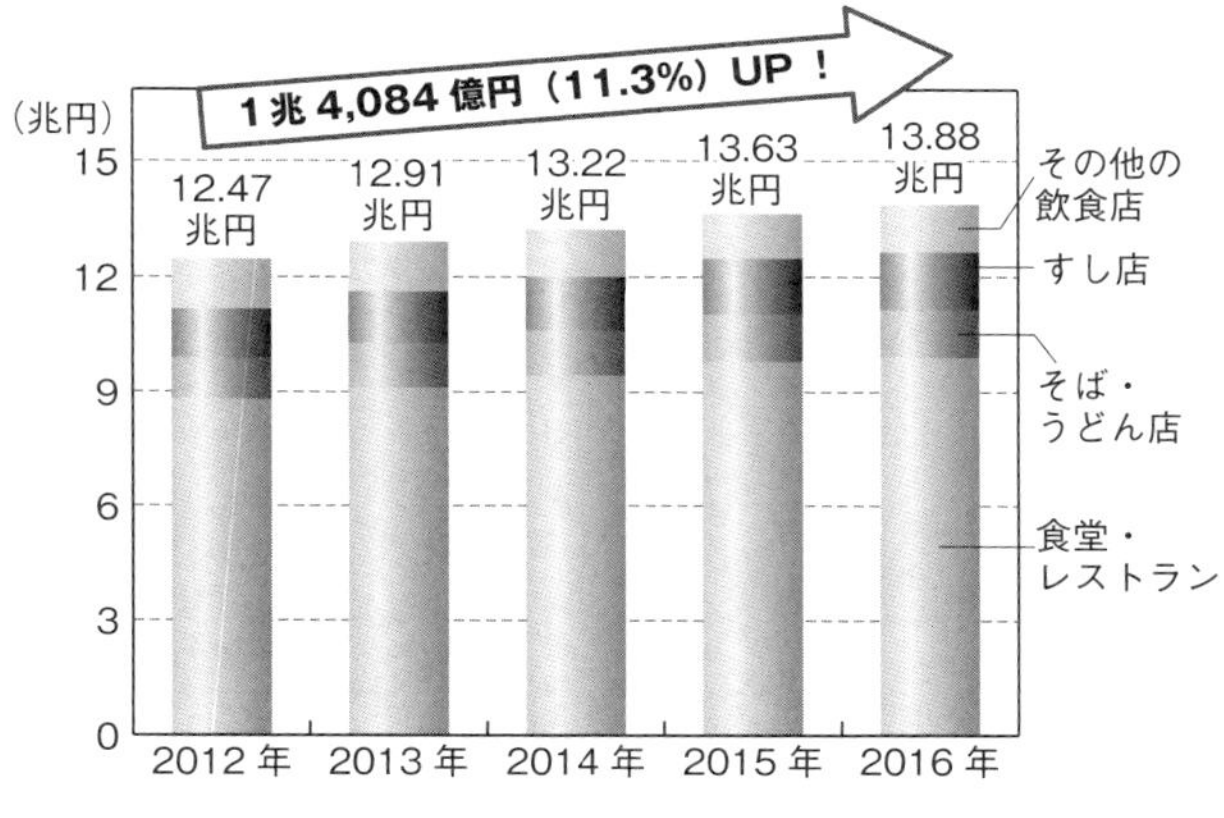

喫茶店・居酒屋等

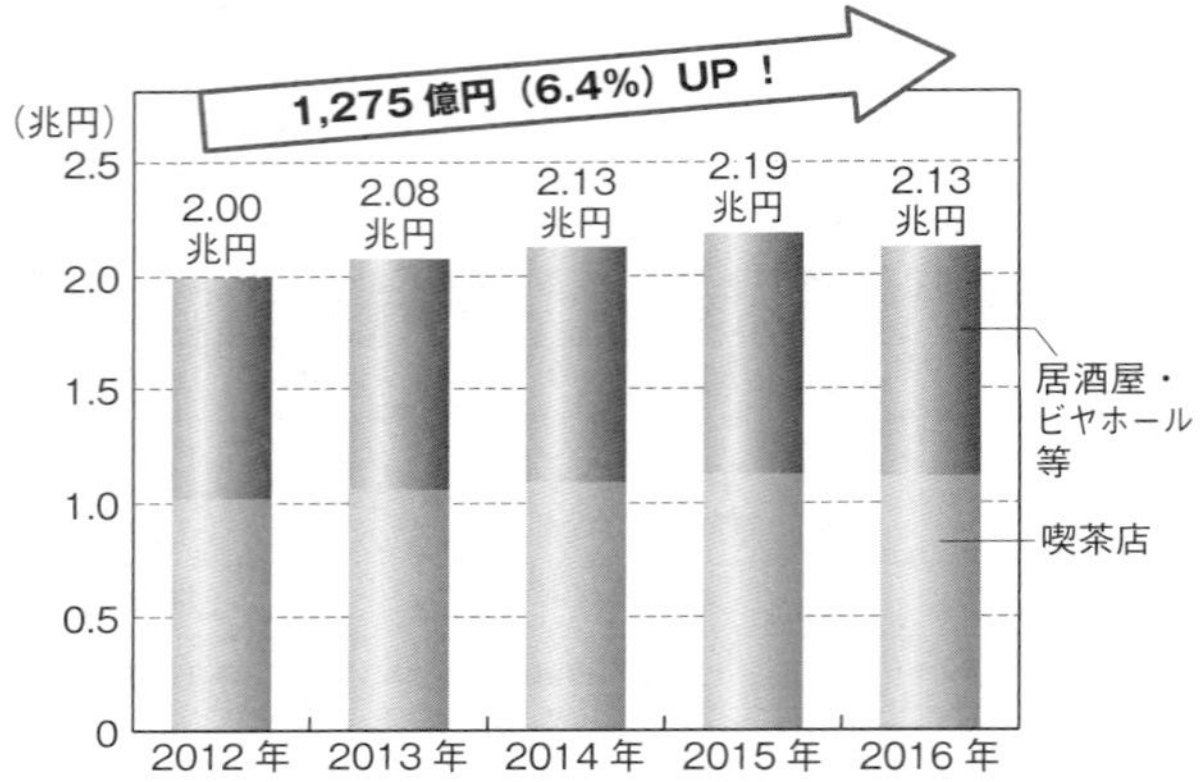

集団給食

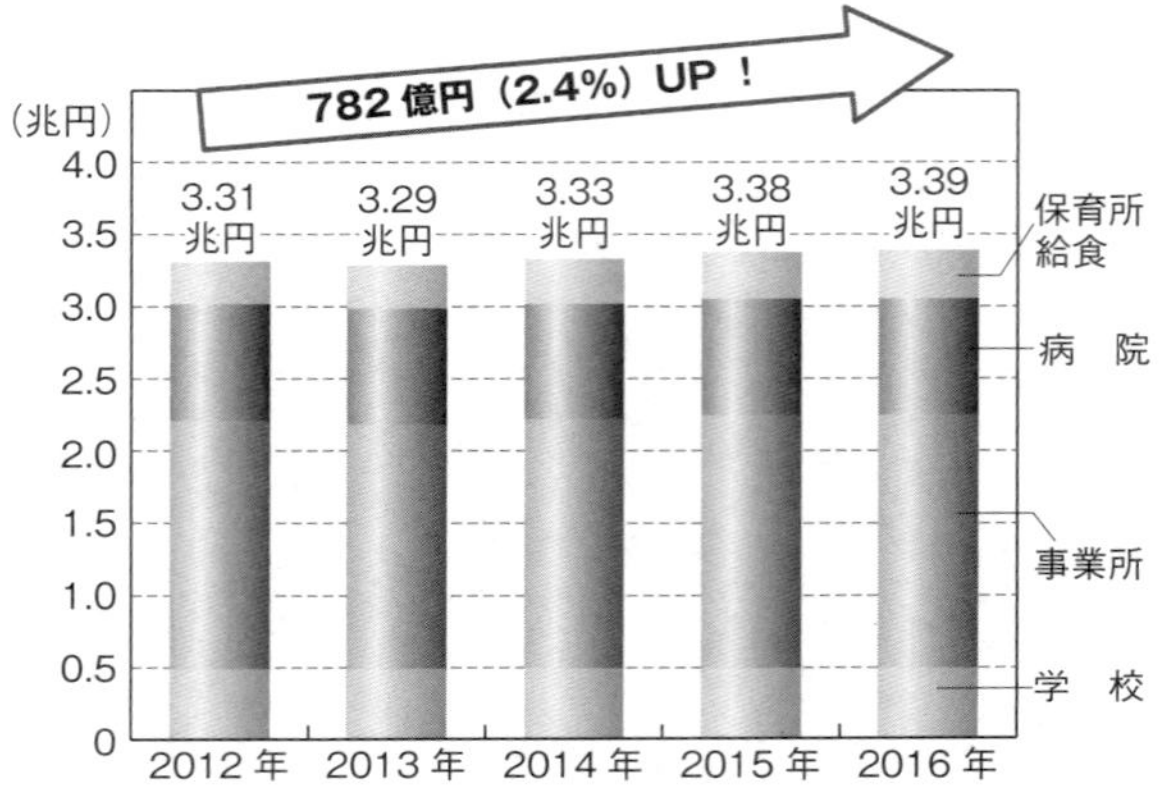

資料：（一社）日本フードサービス協会
注　：事業所は弁当給食を含む。

図表7　外食産業従事者

外食産業従事者

全産業従事者は6,179万人。うち外食産業従事者は482万人で、全体の7.8%を占めている。内訳は、飲食店従業者423万人、持ち帰り・配達飲食サービス業従事者59万人である。

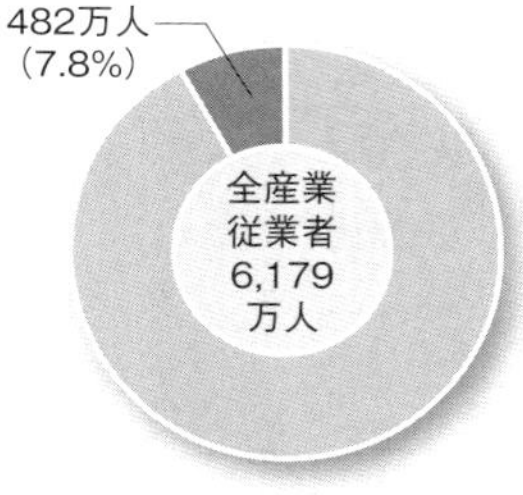

外食産業従事者の男女比率

全産業従事者の男女比は男性56%、女性44%。これに対し外食産業従事者の男女比は同40%、60%と逆転。外食産業は女性が活躍する場を提供している。

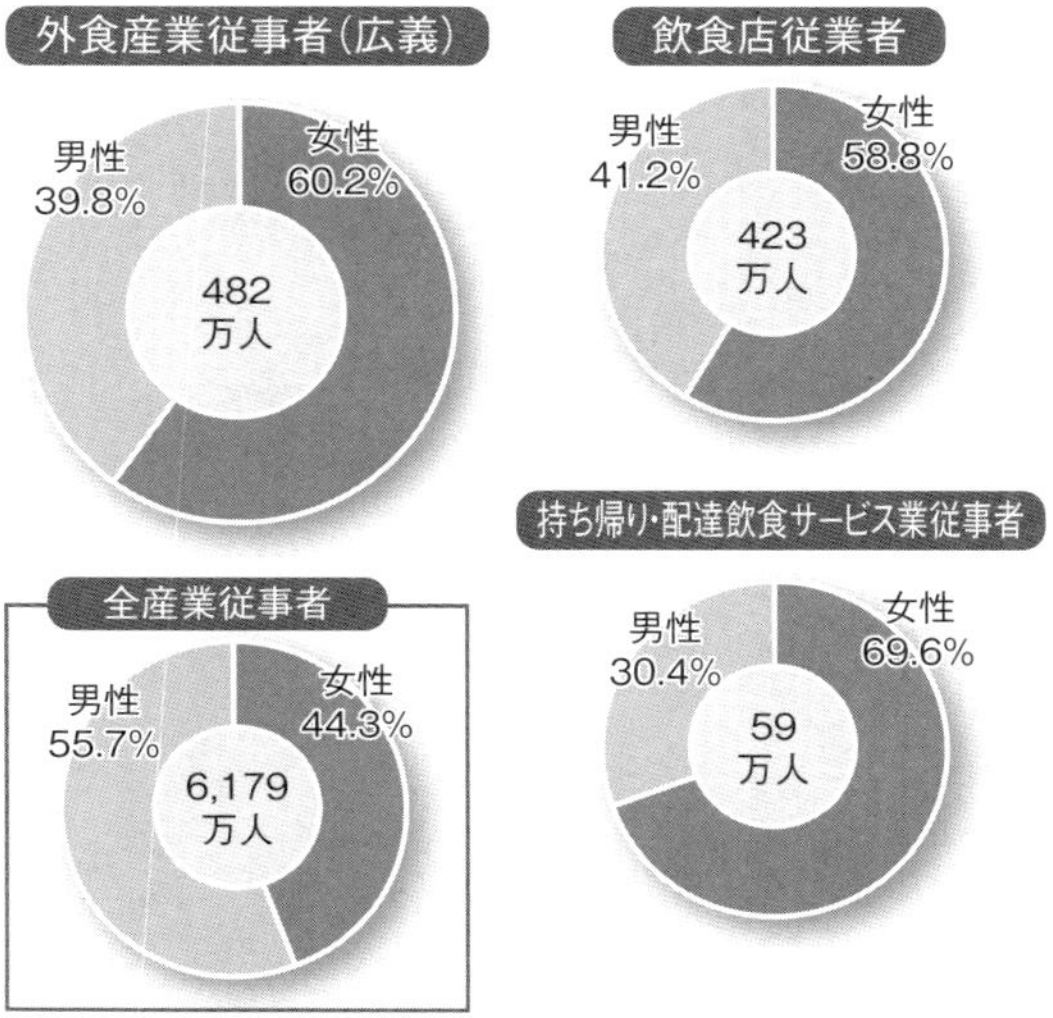

資料：経済産業省「平成26年経済センサス基礎調査」

参考文献

『月刊食堂』（柴田書店）

『飲食店経営』（商業界）

秋元巳智雄『笑顔の接客術』日経ＢＰ社（２０１５年）

網野由美子『アイ ラブ レストラン１』商店建築社（１９９９年）

網野由美子『アイ ラブ レストラン２』商店建築社（２０００年）

梅谷羊次『ファミレスは進化する！』商業界（２０１０年）

エリック・シュローサー、楡井浩一 訳『ファストフードが世界を食いつくす』草思社（２００１年）

『外食産業を創った人びと』編集委員会『外食産業を創った人びと』商業界（２００５年）

木村 修、吉田 修、青山浩子『新しい農業の風はモクモクからやってくる』商業界（２０１１年）

楠本修二郎『ラブ、ピース＆カンパニー これからの仕事50の視点』日経ＢＰ社（２０１５年）

小松成美『熱狂宣言』幻冬舎（２０１５年）
坂本 孝『俺のイタリアン 俺のフレンチ』商業界（２０１３年）
佐藤 昂『いつからファストフードを食べてきたか』日経ＢＰ社（２００３年）
日本ケンタッキー・フライド・チキン㈱『日本ケンタッキー・フライド・チキン株式会社30年の歩み』（２０００年）
長谷川耕造『タフ＆クール』日経ＢＰ社（２０００年）
浜倉好宣『僕は人も街も再生する酒場のプロデューサー』商業界（２０１２年）
藤田 田『勝てば官軍』ＫＫベストセラーズ（１９９６年）
『別冊食堂：日本の外食産業』柴田書店（１９９１年）
山口芳生『サイゼリヤ革命』柴田書店（２０１１年）
横川 竟『すかいらーく創業者が伝える 外食業成功の鉄則』エフビー（２０１３年）
米山 久『ありきたりじゃない新・外食』商業界（２０１２年）

著者の略歴

千葉哲幸（ちば てつゆき）
フードサービスジャーナリスト、フードフォーラム代表

1958年生まれ、青森県出身。1982年3月早稲田大学教育学部卒業後、同年4月㈱柴田書店入社。『月刊ホテル旅館』（5年）、『月刊食堂』（6年半、うち編集長2年）に在籍。1993年11月㈱商業界に入社。『飲食店経営』（18年、うち編集長10年）に在籍、出版教育事業第3部部長（2年）、出版第2部部長（2年）を歴任。フードサービス業界の歴史をはじめ最新の動向に精通する。2014年7月に独立。「フードフォーラム」の屋号を掲げて、取材・執筆・書籍プロデュース・セミナー活動を展開。さまざまな媒体で情報発信を行い、フードサービス業界に関わる人々の交流を深める活動を推進している。

E-mail : chibatetsuyuki@gmail.com

食品知識ミニブックスシリーズ「**外食入門**」

定価：本体1,200円（税別）

平成29年10月16日　初版発行
平成30年1月23日　初版第2刷発行

発　行　人：杉　田　　尚
編　集　人：岡　安　秀　一
発　行　所：**株式会社　日本食糧新聞社**
〒103-0028　東京都中央区八重洲1-9-9
編　　　集：〒101-0051　東京都千代田区神田神保町2-5
北沢ビル　電話03-3288-2177
FAX03-5210-7718
販　　　売：〒105-0003　東京都港区西新橋2-21-2
第1南桜ビル　電話03-3432-2927
FAX03-3578-9432
印　刷　所：**株式会社　日本出版制作センター**
〒101-0051　東京都千代田区神田神保町2-5
北沢ビル　電話03-3234-6901
FAX03-5210-7718

カバー写真提供：PIXTA（ピクスタ）　コピーライト：ピクスタ
（Closeup of hone made burger on wooden background）fotoatelie／（Spring pasta carbonara）SherSor／（Concept for professional barista in coffee shop）sidelniikov／（炭火焼き鳥）bigmam

ISBN978-4-88927-265-9　C0200

★外食業界の育成・発展に活躍する

広告索引（掲載順）

- ●株式会社オカフーズ
- ●ヒガシマル醤油株式会社
- ●株式会社ダイシン印刷サービス
- ●事業協同組合全国焼肉協会
- ●株式会社日本出版制作センター
- ●ニッショク映像株式会社
- ●株式会社志田水産
- ●株式会社ティーズ

名簿、事典、マーケティング資料等、
食品業界向けの出版物についてのお問い合わせは
日本食糧新聞社 読者サービス本部
TEL.03-3432-2927
★ホームページ　http://www.nissyoku.co.jp/
★E-mail　honbu@nissyoku.co.jp

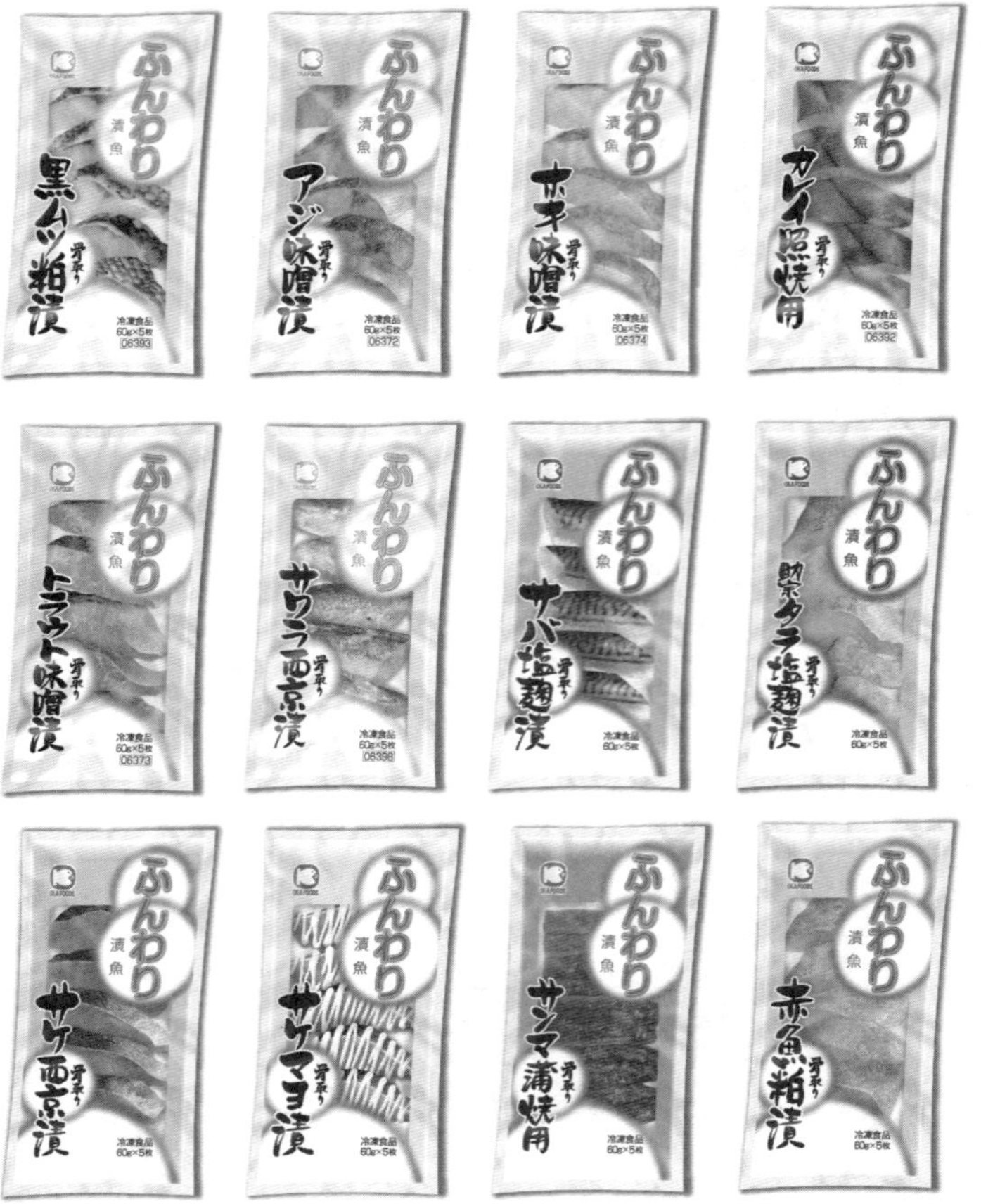

株式会社 オカフーズ
〒104-0045 東京都中央区築地2-4-2 築地第3長岡ビル6・7階
TEL.03(3543)9515 FAX：受注 03(3545)8948 FAX：仕入 03(3545)8982

ふんわり煮魚

完全調理済み **やわらか仕上げ**

調理方法

凍ったまま調理OK!

- 自然解凍
- 流水解凍
- 湯せん 6〜7分
- スチームコンベクションオーブン スチームモード 7〜8分

※ふんわり製法のため温めすぎ注意

ふんわり築地グリル亭

焼成・二次殺菌済み **完全調理済み**

調理方法

- 自然解凍
- 流水解凍
- 湯せん 5〜6分
- スチームコンベクションオーブン スチームモード 6〜7分

※ふんわり製法のため温めすぎ注意

オカフーズ独自の"製法"により、焼いても身が硬くなりにくく、ふんわり軟らかい味わい、心地よい新食感を実現した調理済みの骨取り焼魚です。

切身百選Plusシリーズを使ったレシピが満載

オカフーズ 検索

ホームページ URL
https://okafoods.jp/

確かな安心と高品質。

おいしさをずっと、四〇〇年。

㊱ ヒガシマル醤油

播磨の名水＆うすくちしょうゆ発祥の地：兵庫県たつの市 ヒガシマル醤油株式会社
http://www.higashimaru.co.jp/

「名刺からカラー印刷まで」都心の頼れる便利工場!!

●高品質●便利に●低コスト、そして元気で、安心して信頼されるを目指します。

小ロット オフセット カラー印刷

充実した設備
熟練の技術
適正な価格

当社の特徴

* お客様が作成したデータを満足できる印刷物に加工できます。
* 会社内で必要な印刷物に対応するために、多種類の機械を設備しています。
* 便利な場所に、工場・事務所を構えているので、迅速な対応が可能です。
* ベテランの営業マンがいるので、何でも相談できます。

☎ 03-5542-7700

株式会社 ダイシン印刷サービス

〒104-0033 東京都中央区新川2-21-15

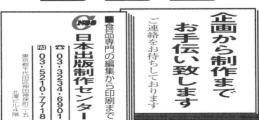

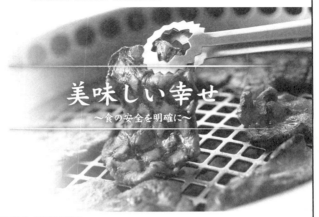

お困りではありませんか?

ビデオの撮影&編集

動画の
プロに
おまかせ
ください!

「動画」を使えば、
伝える力は倍増します。
映像の撮影・編集や
ホームページ制作は、
ニッショク映像に
ご相談ください。
納得できる内容と費用で
ご要望にお応えします。

ニッショク映像株式会社

電話 03-3432-5706 担当:三輪・岡安
〒105-0003 東京都港区西新橋2-21-2 第1南桜ビル5F
http://info.nissyoku.co.jp/modules/movie/movie.php

海と調理場をつなぐ
職人気質の水産加工メーカーです

お客様との信頼を築く、地域密着の「ご用聞き誠心」を大切に、
切身一枚一枚をご要望に応じて、
適切な分量・数量をいち早くお届けいたします。

魚を尊ぶ和の匠

魚で挑む食の創造

進化するプロ用の魚屋

株式会社 志田水産

〒362-0033 埼玉県上尾市栄町 15-16　TEL 048（776）7848 / FAX 048（776）8398
http://www.shida-suisan.com/

宅配トランクをお探しなら、まずは下記 URL にアクセス！
http://www.ts-products.com

ホンダジャイロキャノピー
&
ティーズ MB30C
容量 200 ℓ

ホンダジャイロ X
&
ティーズ LP5X
容量 99 ℓ

ヤマハ GEAR
&
ティーズ LP8FGC
容量 132 ℓ

ヤマハ GEAR ／ルーフ付
&
ティーズ MB30FGR
容量 200 ℓ

●弊社製トランクの購入について●
ホンダ車用はホンダモーターサイクルジャパン。
ヤマハ車用はワイズギアよりお買い求めいただけます。

 株式会社ティーズ

〒351-0022 埼玉県朝霞市東弁財 3-6-17
tel 048-423-8382（代）fax 048-467-7090